SER EN EL TIEMPO
MANIFIESTO POSPOLÍTICO

ISBN: 978-84-948759-4-6
Depósito Legal: M-6771-2019
www.orienteymediterraneo.com

disᴲnso 7

Gilad Atzmon

SER EN EL TIEMPO
Manifiesto pospolítico

Preliminar
de Cynthia McKinney

Traducción del inglés
de María Enguix

Quiero expresar mi gratitud a Eve Mykytyn, Paul Eisen, Andy Simons y Harvie Branscomb, que me ayudaron a publicar este libro. Agradecer también su apoyo durante todo este viaje a mi familia y, por supuesto, a todos los que me han acompañado durante estos años en la búsqueda de la verdad y el pensamiento ético.

Gilad Atzmon

SUMARIO

PRELIMINAR

Supongo que ser la persona que escribiera estas reflexiones sobre el último libro de Gilad Atzmon era mi destino. «¿Por qué yo?», me pregunté, puesto que siempre he rehuido todo aquello que fuera «controvertido» o incómodo. Y el pensamiento de Gilad Atzmon es ambas cosas (pero solo porque nosotros hemos consentido en plegarnos a ciertas convenciones sociales que Gilad explora en esta continuación de su primer libro, *La identidad errante*). Las preguntas de Atzmon, y sus respuestas, son profundas y fundamentales. De ahí que me sienta atraída, pues, por su audacia en hacer las preguntas que nadie más se atrevería a hacer, aun cuando él mismo dude seriamente de sus respuestas. Mientras leía *La identidad errante*, me enorgulleció que Atzmon me permitiera (a mí y a todo aquel que lo lea) asomarme a su conciencia a medida que iba explorando cuestiones profundamente filosóficas sobre sí mismo y el mundo a su alrededor. Y después tuve la oportunidad de conocerlo. Atzmon estaba de gira, tocando su saxofón y hablando de *La identidad errante*. Vino a Atlanta, y allí estaba yo para saludarlo y conocerlo. En 2011, el año en que se publicó *La identidad errante*, yo estaba lista para leerlo. Acababa de vivir mi suplicio público particular, después de que el *lobby* israelí en Estados Unidos me hubiera señalado. En 2002, Ariel Sharon vino incluso a mi Estado natal de Georgia para saborear mi primera destitución del Congreso y, después de mi segunda intentona en el no tan apreciado organismo, fui liberada para flotar en el olvido pospolítico; el lugar adonde van a parar las personas que no han sido elegidas cuando los sionistas en el poder no quieren volver a saber de su existencia.

En 2010 zarpé rumbo a Gaza, pero los israelíes me secuestraron y me llevaron a la prisión de Ramla. Y, como reconocí en Kuala Lumpur, ni siquiera sabía, al inicio de mi carrera en el Congreso, qué era un sionista. Sin embargo, a tenor de las incesantes guerras de Estados Unidos en Asia occidental y el norte de África, terminé descubriéndolo por fuerza. Poco podía imaginar yo entonces que conocería a este hombre —viniendo como veníamos cada cual de partes completamente diferentes del mundo y enraizados en realidades completamente diferentes— y que nos encontraríamos el uno al otro en presencia y en Esencia. Mientras él se ataba las bombas pintadas con iconos judíos contra las que yo protestaba, Gilad y yo avanzábamos lentamente el uno hacia el otro, hacia este momento. Por eso, me resulta inevitable no pensar en este prólogo como en la culminación de nuestro Ser en este tiempo. Por ello, agradezco a Atzmon que formule sus profundas preguntas y haga sus astutas observaciones que, en mi opinión, pueden aliviarnos de un cáncer que devorará toda nuestra existencia si no lo vigilamos. ¿Y a qué puedo estar refiriéndome?

Atzmon, sin ser consciente de ello, responde a *mi* pregunta. He recorrido Estados Unidos; conozco a prolíficos escritores y filósofos; conozco a los activistas políticos más célebres; conozco a la clase política estadounidense: pero ninguno de ellos ha sido capaz de (o quizá, sencillamente, no les resulte cómodo considerarlo y) responder a mi singular pregunta sobre el cuerpo político estadounidense. La pregunta podría formularse así:

> Los Peregrinos llegaron a Norteamérica desde Europa; sin que les temblara la mano, cometieron genocidio contra los pueblos indígenas que allí encontraron; no solo robaron tecnología africana para construir el Sur, sino que robaron también a los propios africanos, y gracias a la esclavitud y al comercio transatlántico de esclavos, un crimen contra la humanidad, fueron capaces de construir un país vasto y rico, los Estados Unidos. La progenie de los Peregrinos armó entonces un orden político internacional y económico cuyo propósito hoy es obstruir la soberanía de los pueblos originarios de las Américas, África y Asia, a los que subyugaron en el pasado por una conquista y una colonización totalmente violentas. Los Estados Unidos fueron el baluarte del privilegio europeo, y dondequiera que fueran sus colegas europeos, el genocidio no andaba lejos; los británicos en Australia y África, los alemanes, franceses, portugueses y holandeses en África; los españoles, portugueses y holandeses en las Américas, o Francia en Haití, son unos pocos ejemplos de los muchos que pueden mencionarse. Europa y los Estados Unidos amasaron increíbles fortunas gracias al robo y al pillaje. El acuerdo de espionaje de los Five Eyes (los Cinco Ojos) no es sino un reflejo de la existencia de la «hermandad» que produjo la estructura mundial tal como la conocemos hoy. No obstante, sin que una sola bala haya sido disparada contra vosotros —su progenie, los descendientes de los Peregrinos—, habéis perdido el control casi total del aparato del Estado estadounidense y todas las amistades y las estructuras interna-

cionales basadas en él; ha sido un golpe de Estado en
gran medida «invisible». ¿Cómo habéis podido dejar
que esto sucediera?

Atzmon responde de manera brillante a mi pregunta
porque, mientras observaba los acontecimientos desde
un Ser en el tiempo meridianamente diferente —acaso
fuera incluso el multiverso—, se estaba haciendo preguntas similares a las mías. Atzmon no solo nos ofrece
su interpretación de cómo ha sucedido esto, sino que
también nos cuenta por qué ha sucedido. Prepárense.
Sus respuestas son condenatorias, pero nos infunde
esperanzas de que Lo Real puede prevalecer tan pronto
hayamos entendido el papel central que la verdad puede
desempeñar en la liberación última de nuestro Ser real
en el Tiempo.

Cynthia McKinney

EPÍLOGO

Mientras veía las elecciones presidenciales estadounidenses a primera hora de la mañana del 9 de noviembre de 2016, supe que las aspiraciones de la candidata por el Partido Demócrata pendían de un hilo. Hillary Clinton esperaba que el «voto hispano» de Florida la salvara. En realidad, estaba esperando que el candidato republicano, Donald Trump, consiguiera enojar a un número suficiente de latinos para garantizar su victoria. Después, a medida que avanzaba la tarde, supimos que las probabilidades de que Clinton llegara a ser la próxima presidenta del país dependían de otra porción de la población estadounidense: las «mujeres independientes de Virginia». De hecho, durante toda la noche, en varios canales de noticias los encuestadores analizaron las menguantes posibilidades de la candidata demócrata atendiendo a su derrota entre distintos sectores «identitarios»; es decir, sectores que se identifican de forma particular. Este peculiar desenlace, que lleva a un partido nacional estadounidense a depender de las políticas de ciertos grupos de la población, no debería asombrarnos.

Las elecciones presidenciales estadounidenses de 2016 revelaron que Estados Unidos se divide en dos bandos: los americanos y los identitarios. Los americanos son aquellos que se ven principalmente como patriotas americanos; los mueve el arraigo y el legado de su país. Para ellos, la promesa de «devolver a América su grandeza» confirma que la utopía es nostalgia y que las ofertas progresistas y liberales son, ni más ni menos, un continuo desastre. Los identitarios, por otra parte, son quienes adhieren a la política liberal y progresista. Se identifican principalmente como LGBTQ, latinos, negros, judíos, feministas y demás. Su vínculo con el *ethos* americano nacional o patriótico es secundario y con frecuencia incluso inexistente.

Sin embargo, la agenda identitaria ha fracasado. Era solo cuestión de tiempo que los llamados «blancos», «paletos», «deplorables» y «reaccionarios» comprendieran que estaban entre la espada y la pared, y ellos también empezaron a actuar y a pensar como un sector político identitario. Para estas gentes, la bandera americana ha pasado a ser un símbolo de identificación y unificación.

A aquellos que habíamos analizado críticamente la evolución de la política de la nueva izquierda, progresista, liberal e identitaria, el triunfo de Donald Trump no nos pilló por sorpresa. De hecho, la derrota de los partidarios del «no» al Brexit en el referéndum del Reino Unido ya había revelado un hastío similar de la clase trabajadora británica. Pero ¿cuál es la naturaleza de este hastío?

Nuestros distritos urbanos financieros están ahora saturados de rascacielos de cristal, proyectados metafóricamente para transmitir transparencia y fragilidad. Sin embargo, cuando te arrimas a estas torres de cristal comprendes que la pared que tienes enfrente no es una ventana sino un espejo. Y cuando intentas asomarte, lo único que ves es a tu persona plantada ahí fuera. Este libro es un intento de captar este sentido, la condición «pospolítica» de quedarse fuera.

En el vecindario pospolítico en que vivimos, gran parte de la humanidad ha quedado reducida a servir los intereses del gran capital, el *mammón* («abundancia» o «riqueza» en hebreo) y la oligarquía, siendo ahora la izquierda y la derecha —esos dos familiares polos de la política como siempre hemos entendido que eran— indistinguibles e irrelevantes. La libertad de pensar abiertamente y de hablar claramente solo son conceptos nostálgicos. Nuestra utopía occidental liberal ha mutado en distopía orwelliana.

Este libro identificará los cambios culturales e ideológicos que en teoría debían liberarnos pero que, a la postre, nos han conducido a todo lo contrario. Esclarecerá los medios y los mecanismos que nos han robado nuestra capacidad de pensar y de sentir, de seguir las reglas de la razón, y de actuar según ellas. Si bien es cierto que este libro es crítico con la izquierda y con la derecha, buena parte del texto se centra en las ideologías y los discursos «izquierdistas» contemporáneos, y los reprueba. Para ser sincero, me quejo de la izquierda porque de hecho me importa. Por uno u otro motivo, espero más de un dominio ideológico que dice respetar la ética universal y la distribución de la justicia.

El título de este libro es un guiño al monumental libro de Martin Heidegger[1] *Ser y tiempo* (1927). Para Heidegger «ser» es «ser en el tiempo», y la metafísica es la historia del olvido del Ser. Ser en el tiempo en 2017 puede entenderse como una llamada de atención, una lucha por comprender los mecanismos que nos configuran, a nosotros y al mundo que nos rodea. *Ser en*

---

1. Martin Heidegger (1889-1976) fue un filósofo alemán y un pensador seminal en la tradición continental y la hermenéutica filosófica. Se le considera uno de los filósofos más originales e importantes del siglo XX.

el tiempo es un intento de calibrar nuestras facultades y sentidos humanos en un universo que ha mutado a territorio hostil.

El libro se divide a grandes rasgos en dos. Arranca con un estudio filosófico de la condición pospolítica. Redefine el significado de la izquierda y la derecha, y reexamina la contienda política entre ambas. Luego, identifica los elementos ideológicos y culturales que han abocado al colapso de lo «político», tal como lo conocemos.

La segunda parte del libro aborda, no a los judíos, sino la ideología y la cultura política judía. El historiador judío estadounidense Yuri Slezkine (n. 1956) empezó su libro *The Jewish Century* con una atrevida afirmación: «La Edad Moderna es la Edad Judía, y todos somos, en distintos grados, judíos». Esta segunda parte del libro es coherente con la observación metafórica de Slezkine. Mis intentos por comprender los cambios intelectuales e ideológicos que nos han traído adonde estamos hoy me han llevado a la conclusión de que las protagonistas de este viraje pospolítico han sido, y siguen siendo, las ideologías revolucionarias judías laicas, liberales y progresistas. Este apartado tratará de identificar estas ideologías y estrategias judías.

Desde hace algún tiempo, nosotros, las personas que moramos en este planeta, hemos sido reducidos a meros espectadores de un drama devastador que narra la historia de nuestra destrucción. A pesar de todas las promesas de la democracia liberal, no somos participantes, sino sujetos olvidados y sin voz. La hora de hablar hace tiempo que ha llegado.

LA ZONA GRIS

A veces he obtenido la mejor luz de los puentes que he quemado.

Don Henley

La izquierda y la derecha

Desde una perspectiva humanista, filosófica y universal, la izquierda y la derecha son ideológicamente éticas y universales. Ambas intentan describir la condición humana y ambas ofrecen visiones que maximizan lo que ellas estiman que es «la experiencia humana».

La izquierda y la derecha llevan mucho tiempo peleando en el plano ideológico, político y cultural. Cuando uno considera el enorme corpus de pensamiento, ideas y posturas críticas que ambas perspectivas presentan, la historia del pensamiento político en la segunda mitad del siglo XIX y gran parte del XX podría resumirse como una contienda infatigable entre estas dos visiones rivales.

Pero yo ofrezco otro punto de vista. La mía es una mirada teórica que observa el mundo de la política desde una perspectiva alternativa y no se limita a la interacción izquierda/derecha. En mi examen estos polos son sistemas complementarios que reflejan la naturaleza del *homo sapiens*. Analizaré el debate entre «lo político» y «lo humano», en un intento por entender cómo la condición de las personas, la humanidad y el humanismo quedan reflejados en un sistema político determinado y viceversa.

La ideología de izquierdas tradicional propone una visión de cómo debería ser el mundo. La visión de la «Izquierda» puede resumirse en la creencia de que la justicia social es el principal requisito para mejorar el mundo, y este futuro mejor implica la búsqueda de la igualdad de varias formas. El ideólogo de izquierdas cree que intentar alcanzar la igualdad en materia de derechos civiles y de riqueza material es un universal ético y moral.

Pero si la izquierda se centra en «lo que podría ser», la derecha se centra en «lo que es». Si la izquierda se mueve en el espacio de lo que podrían ser las personas, la derecha se mueve en el espacio de lo que «son» o, al menos, creen ser. La derecha no aspira a cambiar la realidad humana social, sino, en todo caso, a celebrarla, e incluso maximizarla. La derecha también se siente concernida por el arraigo que a menudo es nostálgico y hasta idealizado.

La izquierda anhela la igualdad, pero para la derecha el paisaje humano es diverso y multifacético, y la desigualdad no solo es tolerada sino también aceptada como parte de la condición humana; una parte natural de nuestro mundo social, espiritual y material. Por consiguiente, la ideología de la derecha abarca cierto grado de determinismo biológico y aun de darwinismo social; el poderoso y cruel principio de evolución de la «supervivencia del más fuerte» la tiene cautivada. Para el ideólogo de derechas, la «voluntad de sobrevivir» e incluso de alcanzar el poder es lo que hace que las interacciones sociales sean tan emocionantes. Es esta misma lucha lo que aporta humanidad y humanismo a la vida.

Así, el debate tradicional entre la derecha y la izquierda puede resumirse a grandes rasgos como la tensión entre la desigualdad y la realidad. El ideólogo de derechas sostiene que, si bien el empeño de la izquierda por aplanar la curva de la realidad social humana en nombre de la igualdad puede ser éticamente legítimo y noble, no deja de ser ingenuo y erróneo.

Ilusión frente a insomnio

La ideología de la izquierda es como un sueño. Como persigue lo que «debería ser» y no «lo que es», suscita un nivel de desafecto utópico ilusorio y describe un mundo igualitario fantasioso muy alejado de nuestra realidad abusiva, opresora y funesta. En este futuro fantasmático, la gente se alejará simplemente de la avaricia y la gula, trabajará menos y aprenderá a compartir con los demás, a compartir incluso eso que es posible que ni siquiera posea para empezar.

El «sueño» imaginario contribuye a explicar por qué la ideología de la izquierda (occidental) rara vez ha atraído a las clases combativas, a las masas que, consumidas por la búsqueda del sustento cotidiano, difícilmente podrían sentir interés por los «sueños» utópicos o los experimentos sociales futuristas. La gente trabajadora, mordida por la lucha diaria y perseguida por la existencia, nunca ha suscrito de veras «la revolución», generalmente porque solía estar demasiado ocupada trabajando. Esto explica, quizá, por qué los iconos revolucionarios han sido con tanta frecuencia agitadores de clase media y burgueses. Eran ellos quienes tenían acceso a un pequeño extra para financiar sus aventuras revolucionarias.

El «sueño de la izquierda» es ciertamente atractivo, puede que hasta demasiado. La justicia social, la desigualdad y también la revolución podrían no ser otra cosa que la fiebre adictiva de efectuar cambios. Y acaso esto explique por qué los agitadores de izquierdas más acérrimos se ven a menudo en la imposibilidad de despertar de su fantasía social. Sencillamente, se niegan a reconocer que la realidad les ha resbalado de las manos, prefiriendo refugiarse en su cálido universo de fantasía, al amparo de los muros de un gueto construidos a base de terminología arcaica y corrección política.

De hecho, cuanto más atractiva y convincente es la fantasía revolucionaria, menos dispuestos se muestran sus defensores a enfrentar la realidad, eso asumiendo que sean capaces de hacerlo siquiera. Esta ceguera ayuda a explicar por qué la izquierda occidental ideológica ha fracasado en tantos frentes. Soñaba despierta cuando se introdujo la economía de servicios, y no despertó cuando se evisceraron la producción y la manufactura. Bostezó cuando debía de haber combatido contra la cultura corporativa, el gran capital y su culto, y dormitaba cuando la educación superior devino un lujo. La izquierda roncaba ruidosamente sin duda cuando, una tras otra, las instituciones cayeron a los pies de la política identitaria de la nueva izquierda. Así, en lugar de ser una fuerza unificadora que podría habernos convertido a todos —trabajadores, negros, mujeres, judíos, gays, etcétera— en una fuerza imparable en la lucha contra el gran capital, la izquierda devino un factor de división, de peleas internas. Pero la verdad es que no fue culpa de ideólogos y activistas; la imposibilidad de adaptarse a la realidad es una falla que está trágicamente incrustada en la naturaleza fantasiosa de la izquierda.

Si estoy en lo cierto, son estas características intrínsecamente idealistas e ilusorias las que condenan la política de la izquierda al fracaso. En suma, lo que hace tan atractivo el sueño de la izquierda también es responsable de que la izquierda sea ilusoria e ineficaz. Pero ¿qué otra cosa podría ser? ¿Cómo podría sostenerse un sueño tan utópico? Sospecho que para que la política de la izquierda prevaleciera, la humanidad tendría que chocar con la condición humana.

¿Y qué hay de la derecha? La izquierda parece condenada al fracaso, pero ¿ha triunfado mínimamente la derecha? Al contrario que la izquierda «soñadora», a la derecha la consume la realidad y la «concretización». A la luz del mundo capitalista globalizado, brutal y salvaje en el que vivimos, el *laissez-faire* tradicionalmente conservador se antoja un pensamiento ingenuo, nostálgico, pacífico e incluso poético.

Mientras la izquierda duerme, el insomnio de la derecha se ha vuelto una enfermedad universal que ha exacerbado el nuevo orden mundial con su autoindulgencia y su codicia. ¿Cómo puede nadie dormir cuando hay dinero que ganar? Martin Scorsese lo entendió muy bien cuando en *El lobo de Wall Street* describe una cultura abusiva de consumo de sexo, cocaína y anfetaminas en el corazón mismo del motor capitalista de Estados Unidos. Puede que solo unas mentes hueras, drogadas y sobreestimuladas sean capaces de mantener una codicia tan persistente.

El rechazo de la fantasía, el compromiso con lo concreto (o deberíamos decir, la búsqueda del «ser» o la «esencia»), alinea a la derecha con la filosofía alemana. El proceder filosófico de los idealistas alemanes intenta desentrañar la esencia de las cosas. Desde una perspectiva filosófica alemana, la pregunta «¿qué es (la esencia de) el ser?» es abordada por la metafísica. Las preguntas «¿qué es la gente?, ¿cuál es su verdadera naturaleza, raíz y destino?» suelen abordarlas los ideólogos de derechas. Es posible que la honda afinidad entre la ideología de la derecha y la filosofía alemana explique el continuo espiritual e intelectual entre la filosofía alemana y el fascismo alemán. También podría explicar por qué Martin Heidegger, uno de los filósofos más importantes del último milenio, fue, al menos por un tiempo, un entusiasta nacionalsocialista.

La obsesión de la derecha con la auténtica naturaleza de las cosas podría explicar su tendencia a la nostalgia, por una parte, y las ideologías darwinistas, por otra. La ideología de la derecha puede utilizarse para secundar el expansionismo y el imperialismo en una época, y el aislacionismo y el pacifismo en otra. La ideología de la derecha está ocasionalmente a favor de la inmigración por ser buena para los negocios, aunque también puede tomar la dirección contraria, y llamar a la protección de sus intereses particulares sellando las fronteras. La derecha puede dotar de emblemas a la guerra y dar una base dialéctica y «científica» a la opresión. Unas veces, un conflicto puede justificarse por la «creciente demanda» y los «mercados en expansión». Otras, es menester darle a una raza un espacio para vivir a costa de otra.

La derecha es escéptica acerca de las perspectivas de la movilidad social. Para el pensador de derechas, el esclavo[1] es esclavo porque su naturaleza sumisa está determinada biológica, psicológica o culturalmente. A ojos de la izquierda, estas opiniones son «antihumanistas» e inaceptables. La izquierda combatirá este determinismo esencialista con un amplio elenco de críticas medioambientales, materialistas y culturales y de estudios poscoloniales que demuestran que los esclavos sí que se liberan a la larga. Y la derecha cuestionará esta creencia preguntando «¿de veras lo hacen?».

Democracia liberal frente a democracia literal

Del mismo modo que nuestro ideólogo de izquierdas se niega a despertar, nuestro pensador de derechas no «desconectará». Esta dicotomía entre el «sueño» y lo «real», la «utopía» y la «nostalgia», o entre la noche y el día podrá parecer una receta contra una turbulencia sin fin, o un desastre incluso, pero lo cierto es que du-

---

1. Me refiero aquí al esclavo en clave metafórica hegeliana y no literalmente.

rante mucho tiempo ha sido funcional, y fue la relación complementaria entre la izquierda y la derecha la que sostuvo el esfuerzo en el corazón del debate político.

Esta interacción entre la «noche» y el «día» es una imagen especular de la condición humana: la cruda colisión entre la fantasía y lo concreto, entre «ser» (derecha) y «devenir» (izquierda), o la nostalgia y la fantasía. Alternamos entre «ser» (lo que somos) y «devenir» (lo que deseamos ser). Vagamos entre el pasado y sus recuerdos de arraigo, y la esperanza de cambio. La interacción entre la izquierda y la derecha reproduce la interacción humana psicológica entre el sueño y lo real, la noche y el día, y también entre la utopía y la nostalgia.

Sugiero que, en vez de observar el mundo a través de las rígidas lentes de la dicotomía derecha/izquierda, o de una perspectiva ideológica particular, es más instructivo imponer un método alternativo (metaideológico) que contraponga «lo humano» —es decir, la condición humana— al espectro político como un todo. En vez de imponer una ideología concreta, bien sea la derecha, bien la izquierda, el marxismo, el capitalismo, el liberalismo, el fascismo, etcétera, analizo la complementariedad entre un sistema político y la condición humana.

Probemos la utilidad de la metodología anterior utilizando la época democrática liberal occidental de posguerra. Es decir, los años de prosperidad espiritual, cultural, tecnológica y material entre el final de la Segunda Guerra Mundial y la caída de la URSS.

La época de la democracia liberal fue una fase vibrante en la interacción entre «lo político» y «lo humano». Fue una época esperanzada. La creencia de que las personas pueden alterar las circunstancias fue sintomática de esta época. Se cometieron errores, nada fue perfecto ni mucho menos; pero el sentir general era que los medios para crear un mundo mejor estaban en cierto modo incrustados dentro del sistema, es decir, el sistema liberal democrático.

La democracia liberal no aportó «respuestas». No fue un aparato ideológico premeditado, sino un entorno de luchas recíprocas entre distintas ideologías y prácticas. Aportó un modelo de vibrantes debates que facilitaron una sana correspondencia entre el sistema político y el sujeto humano. No obstante, la democracia liberal contenía una fuerte sustancia metafísica que trascendía el mero debate entre «lo político» y «lo humano».

La humanidad se debate entre la noche y el día, dividida entre el sueño y lo concreto. La existencia humana es una sima, un anhelo de reconocimiento al que la realidad se opone. De noche, es posible que me sueñe rico y atlético, pero por la mañana, ante el espejo, soy mi yo orondo y empobrecido.

En la colisión entre la realidad y la fantasía es donde la existencia cobra conciencia de sí misma como un vacío, una carencia, donde el yo real es inalcanzable. Lo mismo sucede con la democracia liberal. Es un sistema que es misterioso para sí. Es donde transcurre el debate político, donde el sueño de la izquierda encuentra su contrapartida, la concretización de la derecha.

Las personas que nacieron en la década de 1960 y con anterioridad suelen sentir nostalgia de las décadas de 1960 y 1970, de las promesas y las creencias de que las cosas estaban mejorando. En este sentido, la primera campaña electoral de Barack Obama fue un momento nostálgico. Fue un instante de ilusorio renacer liberal democrático. El reciente repunte de popularidad de Bernie Sanders en Estados Unidos y de Jeremy Corbyn en Gran Bretaña, ambos políticos de izquierdas a la antigua usanza, delata ese mismo anhelo por la «era política». Y, de hecho, puede que la increíble victoria presidencial de Donald Trump no sea muy diferente; evoca la nostalgia de una verdadera libertad rebelde en contraposición a la tiranía pospolítica de la corrección política. Sanders, Trump y Corbyn se han dedicado a recordar de qué iba todo esto de la esperanza del electorado.

No tuvo que transcurrir mucho tiempo para que los estadounidenses comprendieran que «Obama, el símbolo» —el orador impecable y visionario, el inspirador hito espiritual— era muy diferente de «Obama, el presidente», un político calculador que pugnaba por sobrevivir a la arremetida de los grupos de presión neoconservadores y demás oligarcas interesados. Aquellos de entre nosotros que creímos en el hombre nos aferramos a la esperanza de que pudiera conseguir que lo político reflejase lo humano y viceversa. Aquellos que votaron a Trump habrán de esperar para ver si su nuevo presidente es realmente capaz de devolver a América su grandeza.

El fin de Fukuyama

En su libro de 1992, *El fin de la historia y el último hombre*, Francis Fukuyama sugirió que el capitalismo de libre mercado de Occidente era el punto final de la evolución sociocultural de la humanidad. Fukuyama fue un ingenuo al sostener que la democracia liberal era el fin de la historia. Si bien es cierto que Fukuyama detectó con acierto que había algo prometedor en el sistema, no logró identificar metodológicamente qué fue, en el milagro capitalista de posguerra, lo que convirtió al sujeto occidental en un sujeto optimista.

Meticuloso politólogo, aunque no tanto filósofo, Fukuyama produjo un modelo simplista y dejó sin explicar qué era eso en el núcleo de la democracia liberal que la hacía tan prometedora. No acabó de comprender que era la vaguedad, la carencia, lo inalcanzable en el centro del universo político liberal demócrata lo que reflejaba la condición humana (y el inconsciente). No supo ver la similitud metafísica entre «la experiencia humana» y el espectro político liberal democrático que transformó la esperanza en una lucha de poder existencial. Este fue el secreto del efímero éxito del milagro «libre capitalista» de posguerra. Fue la promesa de no dejar nunca de progresar en lo político y lo económico.

Se ha demostrado que Fukuyama se equivocó histórica, filosófica y categóricamente. Cuando ensalzó la naturaleza eterna de la democracia liberal, el sistema llevaba muerto un tiempo. Al igual que la condición humana que reflejaba, estaba destinado a morir.

La condición pospolítica es una época definida por un fracaso completo de la política (izquierda, derecha y centro) y los «grandiosos relatos ideológicos». La democracia liberal, el marxismo, el comunismo, el capitalismo y los mercados libres están vacíos; hueros significantes en lo que a realidad contemporánea se refiere.

La desafección total describe la relación actual entre «lo político» y «lo humano». Nosotros, los occidentales, nos estamos volviendo plenamente conscientes de que nos han reducido a meros consumidores. El papel actual de «lo político» es facilitar el consumo. Nuestros políticos elegidos en las urnas están sometidos a oligarcas, a las principales fuerzas del mercado, los grandes monopolios, las corporaciones, los conglomerados, los bancos y algunos *lobbies* siniestros.

La democracia liberal, este momento único de debate mutuo entre lo humano y lo político, no ha logrado sostenerse por sí sola. La predicción de Fukuyama se ha aseverado falsa. La democracia funciona para transmitir una imagen falsa de la libertad de elección. Sugiere que esta distopía en la que vivimos es, en verdad, la cruda materialización de nuestras elecciones (democráticas). La libertad democrática solo oculta el hecho de que la elección es ilusoria y, por lo general, carente de sentido o inexistente.

Mientras presenciamos la degradación del ser humano de partícipe a mero comprador (definido por una cadena de comodidades simbólica), y mientras el sistema político deriva en una entidad insular e interesada, hemos de reconocer que ni una sola teoría crítica o política ilumina nuestra desastrosa realidad social y política. Ninguno de nuestros modelos intelectuales, filosóficos o científicos trata siquiera de describir la desastrosa realidad pospolítica en la que vivimos.

Más preocupante es que también artistas, pintores y cantantes se mantengan al margen. Guardan silencio. Un siglo de industria cultural y mercantilización de la belleza ha resultado más que eficaz para desarmar cualquier forma de resistencia poética.

Bye Bye Lenin

La izquierda ha perdido en muchos frentes. En su pugna por seguir siendo relevante, ha ido alejándose de los trabajadores y sus políticas, ha fracasado estrepitosamente en su capacidad de prever una perspectiva de cambio y se ha rendido a la cultura corporativa. Pero la derecha está igual de muerta. Se vio reducida a una «contracultura» tullida, en las elogiosas palabras del comentarista político conservador estadounidense Pat Buchanan. Su resistencia y sus principios se vieron completamente erosionados por la intervención de una jerga neolingüística. La derecha podrá perpetrar guerras y conflictos, pero sin una verdadera oposición de izquierdas se convierte en una idea sin sentido. Beppe Grillo, el comediante italiano y líder del popular Movimiento 5 Estrellas, explica la desintegración de la dicotomía izquierda/derecha: «Me preguntan —dice Grillo—, ¿estás en la izquierda? No lo sé —responde—. Yo me he quedado quieto. Son los demás los que se han movido».

En suma, la izquierda y la derecha perdieron todo significado hace tiempo. Hoy, los términos aluden a distintas formas de compadreo social, argots y dialectos. La izquierda y la derecha son ahora simples *formas de identificación*.

En sus tiempos, el primer ministro británico Tony Blair y su nuevo Gobierno laborista lograron privatizar cada uno de los aspectos de la vida británica, incluida la esperanza. Su homólogo de la derecha estadounidense, George Bush, lanzó una guerra inmoral, intervencionista y criminal en nombre de una liberación fantasiosa; una guerra a la que Blair se sumó con entusiasmo. Tanto Blair como Bush emplearon el mismo principio general: justificaron una guerra criminal imperial amparándose en la «liberación del pueblo iraquí». En el año 2003 nadie recordaba qué defendía la izquierda y qué la derecha. La diferencia entre ellas se había vuelto insignificante.

Durante buena parte del siglo pasado, el principal objetivo de los Gobiernos occidentales fue el trabajo y la producción. La popularidad de los políticos dependía de su capacidad percibida de producir empleo y riqueza, y de prestar educación y asistencia médica. Ya no es así.

Durante cierto tiempo, los Gobiernos lograron mantener un consumo estable gracias a la desregularización del crédito, pero ya no es el caso. Hasta 2008 compramos obedientemente propiedades y bienes con dinero que creíamos nuestro. Ahora ya es evidente que no podemos seguir comprando con dinero que nunca tuvimos, y lo hemos entendido debido a la «contracción del crédito».

La fantasía occidental de una economía en constante expansión ha tocado a su fin. Somos más pobres cada día, mientras que un puñado de oligarcas triplica su fortuna mensualmente. Por primera vez en la historia de Estados Unidos, los hijos son más pobres que sus padres. Nos encogemos y, como cada vez más personas se muestran dispuestas a reconocer, uno se siente muy solo aquí abajo, y lo peor está por venir.

Fascismo: una mirada trascendental

Lo «político», como ya he insinuado, debería analizarse en referencia a su capacidad de reflejar lo «humano». La democracia liberal fue una fase prometedora en la historia de la humanidad porque fue capaz de mantener la tensión entre el «sueño» y lo «concreto», entre la «utopía» y la «nostalgia» que la irresoluble disputa entre la izquierda y la derecha encarnaba. En otras palabras, las condiciones en constante mutación que son intrínsecas a los mercados libres semejan la condición humana, virando entre lo fantasmático y lo fáctico. Esta réplica es lo que hizo que la democracia liberal se convirtiera en un momento prometedor en la historia del pensamiento político.

El capitalismo salvaje es, en ciertos sentidos, un reflejo de la codicia humana. El llamamiento a un estado del bienestar, comúnmente por iniciativa de progresistas y liberales, puede entenderse como una manifestación política de culpabilidad. ¿Qué tiene el socialismo que refleja lo humano? La respuesta más simple es un anhelo de justicia; el sentido ético y universal que comparten los humanos. Sin embargo, el socialismo también puede definirse en términos de codicia. Al fin y al cabo, promete que ni tú ni nadie llegará a poseer más que yo.

Si contraponemos lo humano y lo político crearemos espacio para una serie de observaciones y percepciones que hasta ahora han sido ajenas a las ciencias políticas y sociales.

La democracia liberal no fue el único actor político en el siglo pasado. Al menos en Europa tuvo dos competidores ideológicos: el fascismo y el comunismo. Cuando Francis Fukuyama comparó las tres filosofías políticas a principios de la década de 1990, parecía deslumbrado por la caída del bloque soviético. Tenía el convencimiento de que el liberalismo había prevalecido y de que seguiría haciéndolo, mientras que el comunismo y el fascismo se habían extinguido esencialmente.

En retrospectiva, es obvio que Fukuyama estaba en un error categórico, histórico y fáctico. China, por ejemplo, es mucho más productiva que los mercados occidentales. La verdad del asunto es que la democracia liberal ya estaba hecha añicos cuando Fukuyama anunció su victoria. Le había tomado el relevo un sistema capitalista globalizado, despiadado y salvaje que transformó lo «político» en un instrumento vano y apático, sometido al gran capital y a un puñado de oligarcas.

El fascismo merece nuestra atención por encima de cualquier otra ideología, creo yo, porque fue un intento de integrar la izquierda y la derecha, el «sueño» y lo «concreto», en un sistema político unificado. El fascismo fue un triunfo económico increíble, pero no consiguió sostenerse. ¿Por qué?

Fukuyama esgrimió que el fascismo padecía una contradicción interna: «Su énfasis en el militarismo lo abocó inevitablemente a un conflicto autodestructivo con el sistema internacional»[2]. El fascismo fue derrotado en el campo de batalla en la Segunda Guerra Mundial, pero este es un argumento insuficiente contra el fascismo como sistema político. Existen muchas otras explicaciones sobre el desenlace de esta guerra. ¿Hubiéramos dado el visto bueno al fascismo de haber sobrevivido a la guerra?

A diferencia del comunismo y el liberalismo, «el fascismo no fue universal», afirma Fukuyama. Pero este tampoco es un argumento coherente ni convincente. En primer lugar, no está claro por qué un sistema político debe ser universal. Un aparato tribal no tiene nada de malo desde un punto de vista ético siempre que no se celebre a costa de otros. La civilización judía, por ejemplo, es sustancialmente tribal y con frecuencia se muestra hostil con los discursos universales, y sin embargo ha sobrevivido más que cualquiera de sus contrincantes occidentales. En segundo lugar, algunos dirán que el fascismo logró desarrollar una visión del universalismo propia. Contrajo un compromiso con la idea del «socialismo de un pueblo». Era contrario al «cosmopolitismo», aunque los regímenes fascistas secundaron otros movimientos nacionalistas. El nacionalsocialismo alemán, sin duda la forma más radical de fascismo, apoyó incluso (durante un tiempo) el proyecto nacional judío en lo que era entonces el Mandato

---

2. Francis Fukuyama. *End of History and the Last Man*, p. 17.

británico de Palestina[3]. Al nacionalsocialismo alemán lo guiaba una intolerancia eugenésica y radical hacia las minorías y las personas con discapacidad. Sin embargo, incluso esta tendencia —que la mayoría de las personas ahora consideran que es directamente un abuso brutal sin justificación humanista posible— era a la sazón, a ojos de los nacionalsocialistas y de millones de alemanes, un intento genuino, legítimo y ético de sacar lo mejor de los alemanes y de limpiar su raza de débiles y «parásitos», como los llamaban. En otras palabras, en oposición al *ethos* ético ilustrado que hacía del sujeto humano una entidad sagrada, los nacionalsocialistas creían en la supremacía de la nación y consideraban el asesinato un movimiento ético justificable en términos universales[4]. Aunque disiento obviamente de este enfoque tan controvertido, acepto que, para valorar como es debido una visión o una acción política en clave ética e histórica, hemos de analizarla en el marco del discurso que la ha propuesto o practicado[5].

Para Fukuyama, el fascismo estaba condenado a fracasar. «Si Hitler hubiera salido victorioso, el fascismo

---

3. El Acuerdo Haavara fue un acuerdo entre el Gobierno nacionalsocialista alemán, la Federación Sionista de Alemania y el Banco Anglo-palestino firmado el 25 de agosto de 1933. El acuerdo fue decisivo para posibilitar la inmigración de aproximadamente 60 000 judíos alemanes a Palestina en el período 1933-1939.

4. Alemania no estaba sola entonces. *Buck contra Bell* (1927) es una decisión del Tribunal Supremo de Estados Unidos escrita por el jurista Oliver Wendell Holmes Jr., en virtud de la cual el Tribunal resolvió a favor de una ley estatal que permitía la esterilización forzada de las personas inaptas, incluidos los sujetos con discapacidad mental.

5. De forma similar, la matanza global masiva de musulmanes perpetrada por el imperio anglohablante debe juzgarse éticamente y deconstruirse dentro del marco mental neoconservador y sionista que fijó la agenda genocida. Ha llegado la hora de preguntarse, por ejemplo, si logramos «liberar» al pueblo iraquí o afgano.

habría perdido no obstante su *raison d'être* en la paz de un imperio universal, donde la nación alemana habría dejado de imponerse por las guerras y la conquista»[6].

Es improbable que Fukuyama tenga razón en esto. No podemos olvidar que la cultura judaica, dominada como está por la exclusividad y aun la animosidad hacia los *goyim* (gentiles), ha perdurado cientos de años a pesar de incontables holocaustos. De hecho, una dialéctica de la negación es lo que mantiene a la judeidad y, por el contrario, ni el fascismo italiano ni el nacionalsocialismo alemán sobrevivieron a la guerra.

Es posible que los acontecimientos históricos llevaran a engaño a Fukuyama, y este no lograra captar el sentido filosófico del pensamiento fascista en su conjunto. Pero no es el único. En el clima intelectual «liberal» posterior a la Segunda Guerra Mundial es políticamente imposible analizar el fascismo y el «nacionalsocialismo» desde una perspectiva teórica o filosófica imparcial. Cualquier tentativa de abordar el tema es, en el mejor de los casos, «arriesgada» e inevitablemente suicida desde el punto de vista académico. Los expertos e historiadores que han intentado hacerlo han pagado muy caro su temeridad.

Sin embargo, sofocar un análisis honesto del nacionalsocialismo ha dejado abierta la pregunta de si una combinación de socialismo y nacionalismo podría aliviar los problemas del capitalismo global.

Lo real es posible: Fellini frente a Riefenstahl

Una visión filosófica del fascismo es que representa un intento de integrar el «debería ser» en el «aquí y aho-

---

6. Francis Fukuyama. Ob. cit., p. 17.

ra». Es una «tercera posición», que intenta sintetizar la izquierda y la derecha (la igualdad y la propiedad) en un sistema político productivo, nacionalista y autoritario que refleja una percepción de la voluntad del pueblo. Si la izquierda mira por cambiar el mañana y a la derecha le mueve el apego a la historia de la tierra, el fascismo, por su parte, intentó trascender lo temporal, fundir el pasado con el futuro.

La visión metapolítica que ofrezco en este libro arroja luz sobre el asunto. Si la democracia liberal ofreció un atisbo de esperanza al reflejar la dualidad entre el «sueño» y lo «concreto», el fascismo estaba destinado a ser una profecía autocumplida. El fascismo fue abrumadoramente popular y productivo durante un tiempo porque logró salvar la brecha entre la «fantasía» y lo «real». Fue la manifestación política y la materialización de un «sueño hecho realidad». Hitler prometió devolver a Alemania su grandeza. Fue la concreción de lo imaginario, pero este fue precisamente su fallo, porque manufacturar lo Real es imposible.

El psicoanalista francés Jacques Lacan diferencia entre «lo Real» y la «realidad». Lo Real alude a la verdad que es inmutable y absoluta. Lo Real es metafísico y abstracto. La realidad, por otra parte, se basa en la percepción sensorial y el orden material. Lo Real emerge como eso que está fuera del lenguaje, dentro del dominio de lo inexpresable. Lo Real resiste a la simbolización, no puede reducirse a un «juego del lenguaje». Como tal, lo «Real es imposible» porque no puede integrarse en un orden simbólico.

El fascismo fue un intento político de tocar lo Real, o incluso de trascenderlo, de vincular lo «político» con lo más hondo de lo humano mediante la poetización, la estética, la voluntad y aun la irracionalidad. El fascismo convirtió a la gente en Dios. Estaba condenado al fracaso.

La brillante película de Fellini, *Amarcord* (1973), capta la esencia de la contradicción. Cuando el *SS Rex*, el enorme y glamuroso crucero, cumbre de la tecnología fascista italiana, aparece, asistimos a una visión mágica de la perfección. La noche es negra y brumosa, y los aldeanos están durmiendo en sus modestos botes pesqueros en medio del mar, a la espera de la llegada del crucero. Cuando el barco asoma, la visión, captada desde abajo, invade toda la pantalla: enorme y majestuoso. *Amarcord* es el nostálgico homenaje de Fellini a los años fascistas de Italia: retrata la unificación espiritual entre el pueblo y la política a la luz de lo sublime tecnológico e industrial. El pueblo es pequeño, pero el símbolo del Estado es descomunal. La magnificencia del aparato del Estado eleva al pueblo espiritualmente y físicamente. Está extasiado y, durante unos segundos, lo real parece al alcance de la mano.

Es posible que Fellini tomara prestado su lenguaje cinematográfico de la genial cineasta de la propaganda nacionalsocialista alemana Leni Riefenstahl. Hitler vio en Riefenstahl a una directora capaz de utilizar la estética wagneriana para producir una imagen de la supremacía saturada de motivos *völkish* (populacheros), salpicada de auténticos paisajes alemanes, jóvenes cuerpos arios y multitud de rituales de fuego.

El triunfo de la voluntad de Riefenstahl, filmado durante el Congreso de Núremberg de 1934, está considerado uno de los filmes propagandísticos más magistrales jamás producidos. Pero ¿estaba describiendo Riefenstahl una ilusión completamente ficcional? ¿No eran los alemanes una parte integral del espíritu colectivo que estaba emergiendo a su alrededor? ¿No eran una parte integral del rápido proceso de reencarnación?

El espectáculo cinematográfico no da lugar a dudas: ellos, o al menos muchos de ellos, participaron al cien por cien. En *El triunfo de la voluntad* los alemanes podían oír al Führer predicando ideología a sus hijos: «Queremos ser un pueblo. Y vosotros, mi juventud, vais a ser este pueblo, no queremos ver más división de clases, queremos ver un solo Reich». Pero Hitler no puede detenerse aquí. Un cambio tan grande exigirá participación y un enorme sacrificio:

> Debéis formaros para ello, queremos que nuestro pueblo sea obediente y debéis practicar la obediencia. Queremos que nuestro pueblo ame la paz, pero que también sea valiente y… —el estadio entero estalla de entusiasmo mientras el líder hace una pausa antes de rematar la frase—: *esté dispuesto a morir.*
> Debéis amar la paz y ser valerosos al mismo tiempo, debéis aprender a sufrir privaciones, sin desmoronaros una sola vez. Moriremos, pero Alemania vivirá en vosotros y cuando no quede nada de nosotros entonces debéis sostener la bandera en vuestros puños… sois la carne de nuestra carne y la sangre de nuestra sangre y en vuestras jóvenes cabezas bulle el mismo espíritu que nos gobierna… Alemania yace ante nosotros, Alemania bulle en nosotros y Alemania sigue detrás de nosotros.

El estadio es una masa que grita y aplaude, aceptando la llamada de su líder al sacrificio. Lo Real pareció posible; en un espectáculo colectivo, los jóvenes alemanes y su guía espiritual tocan la esencia del Ser. ¿Suplicaba Hitler legitimidad? No tenía la necesidad de hacerlo. Hitler no busca aprobación, intenta tocar lo Real. No estoy seguro de si algún sistema democrático o liberal ha alcanzado nunca un nivel de apoyo equivalente a la confianza que los alemanes depositaron en Hitler, y eso que Hitler condujo a Alemania y a Europa al desastre total. De modo que la pregunta es: ¿por qué y cómo incumplió el fascismo sus promesas? ¿Por qué se dejó arrastrar? ¿Estaba condenado al fracaso?

La respuesta es que en el atractivo del fascismo se hallaban las causas de su fracaso. El fascismo fusionó la utopía igualitaria de la izquierda con el arraigo, la producción en masa y la propiedad privada de la derecha. En teoría, el vínculo podría ser perfecto, pero es posible que el «sueño» y lo «concreto» no puedan integrarse en un único sistema político. El deseo es lo que conecta el ser con el devenir, pero el deseo, en sí mismo, pertenece al dominio de lo vacuo. Es misterioso y no puede materializarse en un sistema. El intento del fascismo de tocar lo Real —su intento de fundir la fantasía con lo factual mató el deseo— fue un intento de convertir a las personas en deidades, prometiendo, pues, lo imposible.

En *El triunfo de la voluntad*, las masas alemanas están unificadas cuando admiran a su Führer. Permanecen bellas y orgullosas cuando el Führer finaliza su prédica, se vuelve, abandona el podio y regresa a su asiento. Pero Fellini nos ofrece su visión de lo que sucede después. Las masas se han elevado, se ven a sí mismas como el verdadero espíritu del nuevo imperio italiano, están integradas en la gloria, tocan lo Real. Pero, entonces, cuando el *Rex* se desvanece en las sombras, rápidamente el pueblo se repliega a la realidad.

Estas masas son un colectivo de gente grotesca, de múltiples sombras y formas, los gordos, los ciegos, los perdidos y los últimos. Su henchido orgullo se desinfla con la partida del *Rex*, y permanecen en medio del negro mar, pequeños e insignificantes de nuevo. Fellini comprende que lo Real es imposible después de todo.

EL ENEMIGO DENTRO

El enemigo está dentro, y lo de dentro permanece dentro, y no se puede sacar.

Arthur Miller

Los Estados Unidos del Desafecto

¿Cómo consiguió escabullirse el sistema político? ¿Cuándo se volvió interesado y distante? ¿Cuándo perdimos nuestra capacidad de hablar? ¿Cuándo se fracturó exactamente el debate entre lo humano y lo político? ¿Por qué calló el mundo académico cuando nos desposeyeron de nuestras libertades más básicas? ¿Por qué sigue callado? ¿Por qué la izquierda se cruzó de brazos cuando se prescindió de la manufactura? ¿Y por qué sigue paralizada la izquierda?

Desde finales de los años 1970, dos tendencias políticas importantes han cambiado nuestra manera de interactuar en nuestros entornos sociales, culturales y políticos, y de interpretarlos. Una es la corrección política; la otra es la política identitaria. Estas dos olas de pensamiento, ampliamente asociadas con el pensamiento de la nueva izquierda, maduraron a finales de los años 1980, formando un maremoto que arrasó con éxito un buen número de escuelas tradicionales y esenciales del pensamiento occidental. Esta transición erradicó los viejos poderes hegemónicos —la Iglesia, los valores familiares y la élite cultural—, pero también eliminó algunas de las libertades elementales de la cultura occidental. Tanto la corrección política como la política identitaria han revolucionado nuestra forma de interactuar y de comprender la realidad que nos envuelve. Las consecuencias de estos cambios no han sido positivas. Hemos extinguido voluntariamente nuestra capacidad de captar el mundo que nos rodea. Vivimos en un estado de desafecto autoimpuesto.

El capitalismo, y el capitalismo salvaje en particular, se rigen por el principio de la ley del más fuerte. El darwinismo social es el corpus de pensamiento dedicado a comprender esta dinámica de supervivencia. Y, sin embargo, nuestro cosmos académico, analítico y teórico está sujeto a una tiranía de corrección política que es antidarwinista por naturaleza. Mientras que la cultura corporativa occidental se guía por el principio de una estricta jerarquía definida por la ley del más fuerte, el mundo académico, los medios de comunicación y la cultura suprimen cualquier intento de comprender el sentido, la naturaleza y la esencia del «más apto», o más fuerte. Las páginas que siguen ahondarán en esta sofisticada opresión institucional.

La tiranía de la corrección política

La corrección política se presentó como la noble empresa de minimizar cualquier forma de ofensa social, racial, sexual y religiosa. Promueve una mayor tolerancia y conciencia de las diferencias, como la raza, la etnicidad, el género y las discapacidades físicas/mentales.

La corrección política señala cierto tipo de vocabulario que podría calificarse de generalizaciones esencialistas (es decir: las mujeres son..., los judíos hacen..., etc.). Promete eliminar prejuicios que son inherentes a los estereotipos culturales, sexuales y raciales.

Y, sin embargo, a pesar de la bienintencionada agenda política, la corrección política ha demostrado ser un proyecto tiránico. El intento de suprimir el esencialismo, la categorización y la generalización ha contrapuesto la corrección política a la naturaleza humana. La habilidad de pensar en términos esenciales, de generalizar y de formar categorías es consustancial a la condición humana y a la supervivencia humana.

De hecho, la filosofía es el arte del pensamiento esencialista, es el intento de llegar hasta el meollo de las

cosas de manera categórica. Como es natural, quienes
defienden la corrección política suelen estar en la van-
guardia de la batalla contra la filosofía y el esencialismo.
Básicamente, están liderando la oposición al espíritu
ateniense que está en el núcleo del pensamiento occidental[1].

Incluso en su forma más inocua, la corrección política interfiere crudamente en la libertad de discurso,
la libertad de expresión y, lo que es más importante, la
libertad de una auténtica espontaneidad, que está en la raíz
del pensamiento poético y creativo.

La corrección política puede entenderse como una
«postura política que no permite la oposición política».
Esta definición suele asociarse con la tiranía, pero la
tiranía podría ser menos peligrosa que la corrección política. La oposición a la tiranía y a la dictadura implica
el rechazo de una entidad separada y distinta, pero la
corrección política se sostiene gracias a la autocensura.

A la larga, el requisito social de ser políticamente
correcto contribuye a erradicar el pensamiento individual y auténtico. Funciona como un Caballo de Troya
espía infiltrado en cada uno de nosotros. Se pone a pitar
tan pronto exploramos un pensamiento auténtico, sa-
cudiendo a renglón seguido nuestro sistema operativo,
y nosotros reaccionamos confusos, a la postre diciendo
cosas que no creemos, pero que se acomodan sin más a
la forma «correcta» de expresarnos en público. Cuando
X insinúa a Y que Y es «políticamente incorrecto», X
afirma que Y puede estar en lo cierto, o al menos está
expresando una opinión sincera, pero que será mejor

---

1. Resulta prácticamente imposible fijar una línea de demarcación categórica que defina en qué punto la «corrección» se vuelve antiesencialista,
porque el pensamiento categórico es en sí mismo un modo esencialista de
pensar y, por lo tanto, «incorrecto».

que Y evite esta tendencia en el futuro. Al principio, no decimos lo que pensamos; al final, aprendemos a decir lo que no pensamos.

Yo postulo que el aspecto más devastador de la corrección política es su manera de interferir en un vínculo auténtico entre el sujeto y el objeto. La corrección política introduce de forma proactiva una barrera que interfiere con nuestra manera de percibir el mundo que nos rodea, de hablar con franqueza, de expresarnos y hasta de sentir. La corrección política infiltra sombras y agujeros negros en el centro de nuestra realidad cognitiva. Su práctica pone trabas intelectuales a la remodelación de la humanidad y el humanismo. Rechaza el núcleo de la búsqueda ateniense de la verdad dentro del *ethos* intelectual occidental. Por el contrario, sucumbimos a la serie de «mandamientos» jerosolimitanos que nos aleccionan sobre lo que está bien y lo que está mal. Pero ¿qué defienden Jerusalén y Atenas? Pronto lo veremos.

Pero no solo el filósofo siente interés por la esencia de las cosas. El pensamiento científico también aspira a encontrar generalizaciones esenciales. Al físico, por ejemplo, le intriga la tendencia general de los objetos a caer. Al biólogo le interesa qué sustenta la vida. El economista ahonda en patrones esenciales de producción y consumo. ¿Y qué decir de la psicología, la sociología y la antropología, esos ámbitos científicos que investigan patrones de conducta esenciales de distintas personas, clases, comunidades y tribus? ¿Pueden estas disciplinas académicas moverse libremente en un entorno dominado por la corrección?

¿Y qué hay del arte y de la poesía? ¿No es la belleza un intento de captar la esencia? ¿No es lo poético un intento de llegar hasta la raíz de las cosas? ¿Cuántos artistas, poetas y filósofos serán silenciados por constatar la verdad, cuántos comediantes serán censurados (por ser «sexistas», «racistas», etc.)? La corrección política refrena el ímpetu básico del espíritu occidental.

Mientras que Atenas se asocia con la idea de que a la verdad se llega por la razón, Jerusalén defiende la idea de que la verdad llega por la revelación. Atenas, por lo tanto, es el hogar de la filosofía, el logos y la ciencia. Jerusalén, en cambio, es la capital de la ley y la obediencia.

Desde una perspectiva filosófica, Jerusalén y Atenas no comparten una metodología común. Rendirse a un régimen de corrección política es rendirse a Jerusalén. Es una divergencia estricta de Atenas y su espíritu.

1984

No es sorprendente que la izquierda, comprometida con la idea de lo que el mundo «debería ser», instalara la corrección política en el centro del discurso europeo. Al fin y al cabo, fue diseñada para hacer del mundo un lugar mejor. Pero ¿cómo, cuándo y por qué se volvió omnipresente?

Hace tres años me fui de gira por Estados Unidos y Europa formulando estas preguntas. Mi público sabía de qué estaba hablando. Algunos confesaron que ya no podían decir nunca lo que pensaban. Unos cuantos fueron lo bastante genuinos como para reconocer que ya no recuerdan lo que piensan realmente. Los espectadores más viejos recordaban un tiempo en el que podían pensar libremente e intuitivamente, pero esta preciosa capacidad había desaparecido en determinado momento. Nadie parecía saber cómo había ocurrido, ni si había intervenido alguna clase de estrategia. El ataque contra nuestra libertad elemental de pensar y expresarnos fue un proyecto manipulador.

Históricamente, la «corrección política» fue un término empleado por marxistas y comunistas desde mediados hasta finales del siglo xx para referirse a la «línea de partido» estalinista impuesta por los comisarios revolucionarios y otras formas de policía del pensamiento. Más adelante, la nueva izquierda adoptó el término para condenar y restringir las conductas sexistas o racistas como «políticamente incorrectas».

Si bien la corrección política cuajó en el discurso occidental a finales de los años 1970, costó un tiempo que alguien se atreviera a analizar este fenómeno desde una perspectiva teórica y crítica. Pero en 1948, una mente británica sorprendente predijo la emergencia de la tiranía de la corrección. George Orwell seguramente fue el primero en describir a fondo la ideología y la teoría que estimulan la demanda de corrección política; tema que ocupa el centro de la política del Gran Hermano en la novela.

La profética obra maestra de Orwell, *1984*, se interpretó durante muchos años como un texto crítico sobre el estalinismo y otras formas de tiranía roja. Pero lo cierto es que es una descripción extraordinariamente perspicaz de las tendencias intolerantes que Orwell percibió en los círculos izquierdistas británicos en los que se movía. Cuando leí el conmovedor *Homenaje a Cataluña* de Orwell, las memorias de su experiencia en la Guerra Civil española, comprendí que la experiencia de Orwell como combatiente de la Brigada Internacional yidishablante en 1936 le dejó un regusto agrio, debido a la intolerante corrección que era intrínseca a los combatientes revolucionarios de su entorno.

En 1949, poco después de la publicación de
1984 y justo antes de su muerte, Orwell entregó su
célebre «Lista de Orwell» al Information Research
Department británico, la unidad de propaganda anti-
comunista que los laboristas habían creado para contrarrestar la infiltración comunista. Orwell anotó los
nombres de destacados escritores de izquierdas y otros
que él consideró que podían ser inadecuados como
escritores para el Department. Al parecer, Orwell basó
su lista de 1949 en un cuaderno privado en el que se
había dedicado a apuntar, desde mediados de los años
cuarenta, posibles «compañeros de viaje» —miembros
del Partido Comunista, sus agentes y simpatizantes
estalinistas—. Me inclino a pensar que la experiencia
de Orwell en España fue decisiva en su rechazo a la
«línea de partido» comunista y al crudo dogmatismo
«rojo».

Es más, la historia personal de Orwell aumenta la
probabilidad de que *1984* fuera un visionario análisis
crítico de las inclinaciones tiránicas de la izquierda
occidental y no una banal descripción occidental de
la ideología estalinista propia de la guerra fría. A fin
de cuentas, Orwell situó la novela en Londres por una
razón. Orwell profetizó que la obsesión fanática con el
«debería ser» evolucionaría hacia una cultura guardiana
que, más que guardar la verdad, guarda el discurso, la
lengua, las expresiones y las metáforas. Más que velar
por el pensamiento ético, «observará» si hay posibles
caza-verdades y los mantendrá a raya.

La «nuevalengua» de Orwell es una descripción
visionaria de la cultura de lo «políticamente correcto»
que estaba por llegar. En *1984*, la dominación del Gran
Hermano se mantiene gracias al control total de la lengua y al papel del significante y la sintaxis.

Curiosamente, la «nuevalengua» de Orwell se inspiró en la excepcionalidad judaica monoteísta:

> La perspectiva requerida a los miembros del Partido era similar a la de los antiguos hebreos que sabían, sin saber mucho más, que las demás naciones adoraban «falsos dioses». No era necesario que supiesen que dichos dioses se llamaban Baal, Osiris, Moloc o Astaroth, y, probablemente, cuanto menos supieran tanto mejor para su ortodoxia[2].

Orwell criticó el «conocer sin conocer», la capacidad de sembrar conocimiento que excede el ámbito de la conciencia y sostiene la hegemonía. Quien domina la lengua, domina el mundo. En consecuencia, el universo ficcional de *1984* se reduce a base de simplificar constantemente el vocabulario y la gramática de la nuevalengua: «La nuevalengua de hecho, se distinguía de casi todos los demás idiomas en que su vocabulario cada vez era más reducido en vez de más amplio»[3].

Quienes estén familiarizados con el discurso político contemporáneo de la nueva izquierda seguramente estarán acostumbrados a la cultura de frases manidas («privilegio blanco masculino», «colonialismo», «fascismo», *«apartheid»*, etc.) en que se ha convertido el menguante medio con el que comunicamos nuestra realidad. Se espera de nosotros que nos ciñamos a un vocabulario estricto que ciega e incluso mutila nuestros sentidos y facultades críticas.

Cuando el imperio anglohablante lanzó su llamada guerra contra el terrorismo, opositores acérrimos y fuer-

---

2. George Orwell. *1984* [edición en castellano, trad. de Miguel Temprano. Barcelona: Debolsillo, 2016, p. 322].

3. *Ibid.*, p. 325.

zas críticas tuvieron derecho a criticar a los Gobiernos «imperialistas, motivados por el petróleo» y «expansionistas» que habían declarado esta guerra. Sin embargo, quienes intentaron señalar al claro e intensivo *lobby* sionista en el corazón de la escuela neoconservadora que empujó a la guerra fueron acusados de viles «antisemitas». Quienes señalaron que el defensor de Israel lord Levy fue el principal recaudador de fondos del Gobierno de Blair que llevó al Reino Unido a la guerra fueron silenciados con el mismo método. Quienes apuntaron que fueron David Aaronovitch y Nick Cohen, dos periodistas del *Jewish Chronicle*, quienes defendieron abiertamente la guerra, fueron marginados por los medios y en particular por *The Guardian*. Curiosamente, no fueron los medios sionistas más extremos los que propagaron la campaña para eliminar la determinación de los hechos básicos; fueron las llamadas redes y agencias «progresistas» y liberales reclutadas para definir los parámetros exactos de la corrección política.

El discurso de la solidaridad palestina no es diferente. El apoyo a Palestina está limitado por unas normas de «corrección» fijadas para impedir cualquier intento de comprender el origen del conflicto o su auténtica posible resolución [4].

---

4. Para un número cada vez mayor de comentaristas, analistas y expertos académicos resulta obvio que, como Israel se define como el Estado judío, sus aviones están decorados con símbolos y recibe apoyo institucional de los *lobbies* judíos en el mundo entero, entonces su judeidad debe analizarse para comprender Israel. No obstante, algunos de los críticos más severos con Israel siguen insistiendo en que esta planteamiento es totalmente «incorrecto» y que la única crítica legítima del Estado judío debe airearse en el contexto de Israel en tanto Estado «colonialista» y aparato de *«apartheid»*. Este es un burdo intento de dominar nuestra comprensión de nuestro universo limitando la terminología.

En su novela *1984*, Orwell comprendió que interferir en el idioma no es ni más ni menos que un intento de limitar la libertad intelectual:

> Cualquier persona que creciera con la nuevalengua como única lengua ignoraría que «iguales» había tenido el sentido secundario de «políticamente iguales» o que, en otra época, «libre» había significado «intelectualmente libre»[5].

The Guardian, *Democracy Now*, el *Huffington Post* y otros medios progresistas y liberales han reducido gradualmente su información a una jerga fragmentada salpicada de frases manidas. Guardan una apariencia de debate político para ocultar el trágico hecho de que el verdadero debate político fue arrasado hace tiempo.

Los paralelos filosóficos e ideológicos entre la nuevalengua orwelliana y la corrección política son asombrosos. Ambas son intentos institucionales orquestados para apartarse de la veracidad, la esencialidad, la autenticidad y el pensamiento crítico. La tarea que tenemos por delante se esclarece. Debemos analizar cómo y gracias a quién se mantiene la «corrección».

Unidos contra la unidad

¿Qué hace falta, en una época en la que prevalece la política identitaria progresista, para que te acepten como miembro plenamente cualificado de la «nueva izquierda» o te consideren «liberal»?

Jane es una pudiente abogada de Londres que se identifica políticamente «como mujer» y se manifiesta

---

5. Orwell. Ob. cit., p. 327.

con entusiasmo en favor de los derechos humanos. ¿Puede unirse? Creo que la respuesta es que sí, puede.

George es un médico que además resulta que es negro y se identifica como de «clase media negra». ¿Puede suscribirse a una lista de correo y contribuir a la discusión? Espero y sospecho que sí.

¿Y qué decir de Julie? Dirige una agencia inmobiliaria en la zona pija de la ciudad pero también se identifica políticamente como lesbiana gay. ¿Puede unirse al desfile? ¡Menuda pregunta! Pues claro que puede.

Abe es contable y siente mucho apego por su herencia judía. Abe se identifica como «judío ateo liberal». ¿Puede unirse al movimiento antibélico? Y tanto que puede; es más, es posible que en cuestión de horas después de su adhesión se encuentre en una posición de liderazgo.

Pero ¿qué me decís de Hammed, un trabajador del metal de Birmingham? Hammed se identifica como «musulmán». ¿Puede participar en una manifestación de la izquierda contra la guerra en Siria? Es una buena pregunta y la respuesta no es evidente, porque no es ningún secreto que muchos que suscriben ideologías «progresistas» y «liberales», y especialmente si son activistas, no ven con buenos ojos la religión en general y el islam en particular.

Entonces, mientras que Hammed se identifica con un precepto inclusivo, universal y humanista, Jane, «la mujer», Julie, «la lesbiana gay» y George, «el negro» suscriben políticas identitarias muy determinadas por la biología. Es más, Abe, como judío ateo, se afilia a una (imaginaria) identidad tribal etnocéntrica basada en la sangre. Claramente, la contemporánea «nueva izquierda» no tiene problema con las identidades políticas marginales y exclusivistas que suelen tener una orientación biológica.

¿Cómo es que el discurso contemporáneo «liberal» se ha mantenido gracias a personas que aceptan políticas identitarias determinadas biológicamente pero con frecuencia rechazan a quienes apoyan verdaderamente la igualdad, los derechos humanos y suelen pertenecer a la clase obrera? ¿Podría ser que la «nueva izquierda» se ha despegado de las políticas obreras para centrarse, en cambio, en un discurso seudoempático vago e inconsistente involucrado, antes que nada, en batallas sectarias?

Consideremos otros casos posibles

Uri es un activista por la paz y escritor israelí que se identifica como israelí de izquierdas. ¿Es Uri bienvenido en la red progresista? La respuesta es un sí sin reservas.

Pero ¿qué me decís de John Smith, un conductor de autobuses de Liverpool que se siente orgulloso de ser británico y «como nativo patriota» rechaza la guerra porque John cree de verdad que la paz es patriótica? ¿Puede participar en una protesta contra la guerra y, durante la marcha, enarbolar la bandera del Reino Unido en las manifestaciones? Quizá.

Tony es un «socialista judío»; desde luego no es religioso, sino un judío étnico que se identifica «como judío» racial y étnicamente. Y, de paso, Tony también se codea políticamente con grupos antisionistas exclusivamente de judíos. Tony es más que bienvenido a la mayoría de las reuniones progresistas. Pero ¿puede decirse lo mismo de Franz, que se identifica como un «socialista ario»? Sospecho que no.

El problema es que existe una gran discrepancia dentro de los movimientos de izquierdas, liberales y progresistas coetáneos entre el humanismo profesado y la realidad sobre el terreno. El etnocentrismo judío, e incluso la exclusividad judía racial, se aceptan plenamente, si bien otras formas de etnocentrismo se rechazan con rotundidad[6].

Y ya que estamos, ¿qué hay de Laura? Es una musulmana conversa que a menudo oculta su rostro detrás de un velo. ¿Se siente cómoda en reuniones «progresistas» o liberales? No mucho. Pero Laura defiende los derechos humanos y la igualdad casi tanto como ama a Alá. Pero lo izquierda, en teoría progresista y liberal, muestra escasa tolerancia con los devotos de Alá, mientras que los devotos del Talmud, que se oponen de buena gana a Israel no solo son tolerados, sino también bienvenidos. A los judíos de la Torá, por ejemplo, se los invita con frecuencia a reuniones, aunque, hay que decirlo, a veces encuentran cierto resentimiento, sobre todo por parte de los activistas judíos laicos (lo que se debe seguramente a que los judíos progresistas no desean que los asocien étnica y «racialmente» con gente «reaccionaria» con caftanes).

Que te acepten en un círculo progresista no es coser y cantar. Se trata de una operación que no es ni mucho menos universal, abierta o inclusiva. El discurso es selectivo, incoherente y poco escrupuloso. La clase obrera no tiene representación a no ser que demuestre adherencia a una ideología identitaria y acepte una tabla predeterminada de diversas «políticas correctas»

---

6. El etnocentrismo negro fue aceptado en los círculos progresistas durante un tiempo, pero la situación cambió hace poco, cuando se descubrió que el movimiento Black Lives Matter está del lado palestino. Para saber más, véase: http:// www.theatlantic.com/politics/archive/2016/08/ why-did-black-americanactivists-start-caring-about-palestine/496088/.

o, deberíamos decir, una serie inconsistente de valores progresistas. Si contraen un compromiso con los valores de la «clase obrera», su presencia no es detectable.

¿Y qué son las «políticas correctas»? ¿Dónde se definen y quién las define? ¿Es la misma gente que determina un «umbral progresista» la que excluye a musulmanes, nacionalistas y «blancos» (lo que quiera que signifique esto último), pero acepta políticas sectarias determinadas biológicamente y hasta categorías raciales?

El giro identitario y la primacía del síntoma

Como reza el dicho casi milenario, «el camino al infierno está empedrado de buenas intenciones». Como la corrección política, la política identitaria se presenta como un soplo de aire fresco liberal y progresista, un intento de introducir un discurso auténtico, ético y político; una celebración de la diversidad y de la individualidad. Pero, en la práctica, la política identitaria cumple exactamente lo contrario.

La política identitaria se manifiesta como una serie de estrategias de identificación de grupo. Somete el «yo» en favor de identificadores simbólicos: el aro en la oreja que toca, el *piercing* en la nariz, el tipo de gorro, el color del pañuelo y demás.

Dentro del cosmos político identitario, nuevas «tribus» (gays, lesbianas, judíos, negros, veganos, etc.) marchan al desierto, guiadas hacia una atractiva «tierra prometida», donde la primacía del síntoma (género, orientación sexual, etnicidad, color de piel, etc.) evoluciona supuestamente en un mundo propio. Sin embargo, la utopía liberal es, en la práctica, una amalgama de guetos sectarios y segregados cegados entre sí.

«Lo personal es político», como han divulgado feministas y oradores liberales desde los años sesenta, es una frase ideada para disfrazar lo evidente; lo personal es, de hecho, la antítesis de lo político. La disparidad entre lo personal y lo político es realmente lo que convierte el humanismo en un debate mutante, conocido como historia. En el discurso identitario, lo que se llama «personal» sustituye el verdadero y genuino individualismo por la engañosa identificación grupal: suprime todo sentido de autenticidad, arraigo y pertenencia en favor de un simbolismo y un colectivismo imaginario que los rituales y los lemas huecos afianzan.

¿Por qué estamos dispuestos a aceptar políticas basadas en la biología? ¿Y quién escribió esta nueva ideología que vemos en panfletos y cada vez en más libros de texto sobre los estudios de la identidad? ¿Existe un Dios contemporáneo? ¿Y quién creó la «columna de nube» que todos debemos seguir?

Es evidente que ciertos elementos de la nueva izquierda, junto con la *intelligentsia* judía progresista y liberal, han sido fundamentales en la formación de la base ideológica de la política identitaria. Al menos tradicionalmente, tanto los judíos liberales como la izquierda se han asociado para oponerse a cualquier forma de programa político exclusivo basado en la biología o la etnicidad. Pero cabe preguntarse por qué la nueva izquierda acepta un programa tan exclusivista, sectario y orientado biológicamente.

A la vieja izquierda tradicional sindicalista le costaba digerir que el sujeto proletario fuera con frecuencia patriota, nacionalista y poco entusiasta de la «política obrera». A la izquierda le dolió que la «revolución» y las expectativas revolucionarias no lograran convencer al trabajador. Esta tormentosa paradoja en el centro de las políticas de izquierdas es fácil de comprender: las personas que afirman representar al trabajador están, casi siempre, en un constante estado de desafecto respecto de los trabajadores, sus necesidades y caprichos. En suma, para la izquierda es duro aceptar que las clases bajas a menudo ven con buenos ojos las políticas conservadoras y los valores tradicionales.

La apatía que la clase obrera siente hacia la izquierda es comprensible. Al obrero, al «proletario», le infunden confianza y orgullo la bandera, el nacionalismo y el arraigo a su tierra. La lealtad nacional y el arraigo hacen del sujeto británico, por ejemplo, una parte integral de un imperio y un pasado gloriosos. Este sujeto se asocia con una cadena de logros científicos, tecnológicos, militares y culturales. Lo que hace que Newton, Nelson, Churchill y Shakespeare sean miembros de una familia numerosa es la bandera británica.

Para las clases bajas, la bandera es un símbolo de pertenencia que ofrece un sentido auténtico de diversidad colectiva —somos uno, contra todo pronóstico— a pesar de las diferencias socioeconómicas, a pesar de las múltiples etnicidades y diferencias en la cultura, la crianza y la educación. En el contexto del discurso patriótico, estamos atrapados todos juntos en una trinchera enlodada del Somme o en un tanque de El Alamein, solo porque somos verdaderamente un único pueblo después de todo.

Esta observación explica por qué, a diferencia del lector de *The Guardian*, los trabajadores sienten un vínculo cierto con la familia real británica y aun la aristocracia. Esto podría explicar en parte la popularidad de Oswald Mosley y su Unión Británica de Fascistas en los años 1930. Cuando le preguntaron a Mosley, que era aristócrata, acerca de su popularidad entre las clases trabajadoras, contestó: «Estuvimos juntos en las trincheras».

Lo mismo puede decirse de Nigel Farage y el Partido de la Independencia del Reino Unido (UKIP). A los obreros británicos simpatizantes de Farage no les molesta que Farage sea un veterano *mammonita* de la City de Londres. Ven en él a uno de los suyos porque (desde una perspectiva nacionalista) es uno de ellos.

En 2016 supimos que los obreros estadounidenses cambiaron a la candidata demócrata Hillary Clinton y su «mantra progresista» por el multimillonario republicano Donald Trump. ¿Fue una coincidencia? En absoluto. La gente trabajadora suele ser nacionalista y patriota, y se enorgullece de ello. Se siente orgullosa de su aristocracia e incluso cierra filas con los ricos y la élite. Cuando a Donald Trump hijo le pidieron que explicara la popularidad de su padre entre los trabajadores, respondió sin rodeos: «Yo siempre lo he llamado el multimillonario obrero porque eso es lo que es. Él es capaz de comunicarse con esta gente. No le habla a la gente. Habla con la gente»[7]. Las elecciones presidenciales estadounidenses de 2016 demuestran que Donald Trump dio en el clavo. El apoyo de los obreros blancos a Trump garantizó su elección[8].

La izquierda tradicional cosmopolita carece de medios políticos para reemplazar este vehemente sentido de pertenencia *völkish* por algo que sea lo bastante significativo o popular para competir con él. No es que la

---

7. http://pittsburgh.cbslocal.com/2016/09/14/donald-trump-jr-referes-to-dad-a-the-blue-collar-billionaire-during-pittsburgh-campaign-stop/.

8. El apoyo a Donald Trump de los trabajadores se situó en un margen del 40 por ciento por encima de su contrincante demócrata Hillary Clinton. http://www.forbes.com/sites/daviddavenport/2016/11/15/voter-message-jobs-and-the-american-dream-trump-the-welfare-state/#1af7dd2637c3.

ideología tradicional de la izquierda esté mal, es que es insuficiente. No ha logrado eclipsar el encanto magnético que es inherente al patriotismo y al arraigo. Filósofos como George Sorel y Antonio Gramsci, que inspiraron a marxistas, fascistas y comunistas, entendieron que el proletariado por sí solo no bastaba para hacer la revolución. Creían que la sofisticación y la manipulación cultural eran esenciales. Y estaban en lo cierto.

Las políticas identitarias se idearon para remediar el fracaso sistémico de la izquierda. Ofrecen un nuevo espíritu cosmopolita junto con un hondo sentido de pertenencia. Como el bolchevismo, ofrecen un modelo global de alianzas políticas que atraviesan fronteras, océanos y continentes. El elemento biológico —color de piel, género y orientación sexual— ofrece una visión de una contienda internacional que se basa en principios éticos y es universalmente válida. Desde una perspectiva tradicional de izquierdas, la política identitaria es la respuesta al fascismo. Aplasta el patriotismo y el vínculo con el suelo, en favor de nuevas alianzas mundiales.

El entusiasmo de la izquierda por las políticas identitarias también puede explicarse en clave puramente política: la izquierda tiene un compromiso con los oprimidos, y la expansión de los discursos de los oprimidos (negros, mujeres, judíos, gays, etc.) proporcionaron a la izquierda más oportunidades de ampliar su respaldo popular.

La política identitaria prometió resquebrajar el rígido sistema de clases. Prometió desmantelar la hegemonía de la aristocracia, así como el dominio del *mammón* (abundancia) y del estatus socioeconómico. Cuando uno se identifica antes que nada como gay, negro, judío, mujer o feminista, no importa realmente si es rico, aristócrata o no tiene un centavo. En el contexto de la política identitaria, la educación tampoco es un factor de división. La biología suele ser el criterio principal. La identificación marginal y la política identitaria ofrecen una imagen alcanzable de igualdad «inclusiva» que puede competir con un populismo fascista incluso derrotado. Una vez unidos por la «primacía del síntoma», el estatus social y el «capital» pierden importancia.

Queda una pregunta fundamental. ¿Qué tienen que ver esta nueva forma de agrupación social y vinculación política con el rechazo a la acumulación de capital o el poder del *mammón* o el *mammonismo*? La respuesta es nada.

En retrospectiva, la decisión de la izquierda de adherirse a la política identitaria selló su destino como fuerza efectiva para el cambio social. Esto ayudó a que la izquierda aceptara distanciarse de las clases en pugna, sus valores y sus intereses. Y marcó una clara separación entre la izquierda y el socialismo, e incluso entre la izquierda y el pueblo. De la forma más peculiar, preparó el terreno para la oleada de popularidad de la nueva derecha, de Donald Trump en Estados Unidos, del UKIP en Gran Bretaña, del Frente Nacional en Francia, etcétera.

Divide y vencerás

Al igual que la izquierda, la *intelligentsia* judía descubrió en la política identitaria una herramienta poderosa y útil. Los judíos de la diáspora suelen sentirse intimidados por el nacionalismo, el arraigo, el patriotismo, el fascismo y los movimientos populares en general. Desde una perspectiva política judía, la política identitaria es una herramienta pragmática para debilitar la cohesión nacional: fragmenta a los llamados «blancos» y a los cristianos en subgrupos. La política identitaria permite que los judíos enfrenten el antisemitismo que a ojos de algunos judíos «prevalece» en un país anfitrión. Desde una perspectiva política judía, una sociedad dividida en segmentos marginales por la etnicidad, el género, la orientación sexual y también grupos de interés rivales, es mucho más segura que una nación unificada detrás de un líder fuerte.

La oposición de la izquierda tradicional a la aristocracia y el elitismo puede entenderse en clave económica, ideológica y política, pero la lucha judía con la aristocracia es más compleja. Para la élite judía, la aristocracia tradicional es una amenaza inminente así como un posible rival. Los judíos se sienten intimidados con frecuencia por grupos dominantes «hostiles». La actitud de la aristocracia británica tradicional hacia los judíos puede calificarse, sin exageración, de fría[9]. La reacción de la élite estadounidense WASP (acrónimo de blanco, anglosajón y protestante) hacia los judíos no fue diferente. Los judíos estadounidenses no pueden olvidar ni perdonar los exclusivos clubes de campo estadounidenses que prohibían su entrada. La política identitaria sirve para fracturar a las élites hostiles. Desarma el peligro impuesto por el «*goy* (gentil) antisemita» dividiendo al presunto «enemigo» y su liderazgo en nuevas y diferentes tribus impías.

Puede que la política identitaria proporcione una nueva forma de cohesión a la izquierda y Occidente, pero para la gente del Libro, esta política es más antigua

---

9. En la película de Alfred L. Werker *La casa de los Rothschild* (1934), puede apreciarse con interés la animosidad de la aristocracia hacia los banqueros judíos. La película relata el ascenso de la familia Rothschild. Ahonda en la aristocracia europea y sus sentimientos antijudíos hacia la familia Rothschild y su red bancaria.

que los judíos. Al igual que la política identitaria, el tribalismo judío se basa en la biología[10] y es etnocéntrico por naturaleza, y también funciona en un nivel global sociopolítico. Como la política identitaria, la ideología tribal judía desafía la geografía, las fronteras y el arraigo.

Como la política identitaria, el tribalismo judío transmite una imagen inclusiva y acogedora. Promete a los socios del club igualdad de oportunidades para celebrar sus privilegios, aunque la pertenencia al club sea exclusiva y definida por un estricto etnocentrismo consanguíneo (ser hijo de una madre judía). El club abrirá ocasionalmente sus puertas a los conversos; sin embargo, adoptar la religión judía es en sí mismo un proceso largo y tedioso y nada amable.

Dividir a la sociedad en grupos identitarios sectarios puede entenderse como un intento de fracturar naciones y pueblos en un elenco de comunidades impías que están interconectadas globalmente. Si estoy en lo cierto, una forma de valorar el aparato identitario es verlo como el intento triunfal de «judeizar» el orden social a escala mundial. Si el sionismo se entiende como una promesa de tierra, modesta pero no ética, la política identitaria aspira a una transformación global; puja por un planeta dividido por un tribalismo identitario. Nos enfrentamos a la emergencia de una poderosa forma de excepcionalidad nueva que emula el tribalismo judío a escala mundial.

Al igual que la corrección política, la política identitaria, si bien obedece ostensiblemente a la «identificación», destruye la autenticidad. La política identitaria elimina la posibilidad del yo auténtico y lo sustituye

---

10. Si bien los judíos no constituyen un *continuum* racial, el judaísmo, y la cultura y la política judías siempre han seguido una orientación racial.

por una política de grupo ilusoria y cuya orientación biológica está determinada por la primacía de un síntoma (color de piel, orientación sexual, etnicidad, etc.). ¿Qué es lo que hace que una estadounidense como la homosexual Julie se identifique políticamente como gay, o que un judío como Moishe se identifique como sionista, o que Kelvin se identifique como negro? Al fin y al cabo, Julie, Moishe y Kelvin forman parte de colectivos nacionales más grandes. Tenemos que comprender el mecanismo que aleja a ciertos sujetos occidentales del *ethos* nacional dominante hacia guetos marginales, exclusivos y segregados cuya orientación es biológica.

El homonacionalismo frente a la Internacional queer

En su libro *Israel/Palestine and the Queer International* (2012), Sarah Schulman analiza la cuestión. Incapaz de disociarse de su educación judía, el universo político de Schulman está repleto de distintas oposiciones binarias: judío/*goy*, israelí/palestino, hombre/mujer, gay/heterosexual, etcétera. Al parecer, la oposición binaria entre «homonacionalismo» y «la Internacional *queer*» era tan perturbadora para Schulman que le dedicó un libro entero.

Schulman define el homonacionalismo como un fenómeno contemporáneo sobre todo presente en ciertos países occidentales liberales donde «gays, lesbianas y bisexuales blancos ganaron toda una serie de derechos... fueron aceptados y readecuados a ideologías patrióticas o nacionalistas de sus países»[11]. La noción de homona-

---

11. Sara Schulman. *Israel/Palestine and the Queer International*, p. 104.

cionalismo es especialmente relevante para Israel, puesto que el Estado judío ha logrado movilizar con mucho éxito a su comunidad patriótica gay. Ha logrado reclutar a la vasta mayoría de su población gay para dar publicidad a la percepción de que Israel les lleva una buena delantera a sus vecinos en cuanto a derechos homosexuales se refiere.

En tanto «judía progresista» estadounidense comprometida con la noción de *Tikkun Olam*[12], a Schulman le causa inquietud el homonacionalismo en general y el homonacionalismo israelí en particular. Ella preferiría que gays y lesbianas se comprometieran, antes que nada, con un discurso político cosmopolita definido por su orientación sexual. Aquí es donde entra en juego su concepto de la Internacional *queer*. Schulman aspira a un «movimiento mundial que traiga la liberación *queer* y el feminismo al principio de autonomía internacional de la ocupación, el colonialismo y el capital globalizado». Ella apuesta por la cosmopolitización del síntoma; en la práctica, la bolchevización de lo libidinoso.

Y, pese a todo, Schulman deja la pregunta fundamental sin contestar: ¿por qué tantos gays en Israel prefieren identificarse con su entorno nacional y patriótico y no con una ideología cosmopolita y sexualmente orientada? Al parecer, la mayoría de las personas, incluidos gays, lesbianas y transexuales, aceptan una clara dicotomía entre su orientación sexual y su identificación política. También parece natural que los ciudadanos LGTBQ de un país se sintieran agradecidos con una sociedad o cultura que los libera y respeta sus necesidades y derechos.

Puesto que la vasta mayoría de las personas sanas pasan la mayor parte del tiempo fuera de la cama, tiene

---

12. El *Tikkun Olam* es la creencia (infundada) de que los judíos poseen el conocimiento de cómo convertir el mundo en un lugar mejor.

sentido que la orientación sexual no sea el foco principal de la vida civil y política. Para la mayoría de la gente, incluida la comunidad LGTBQ, la salud, la educación y el trabajo son más importantes. Además, la expectativa de los homosexuales progresistas según Schulman, que se consagran primero que nada a la política identitaria y a asuntos «*queer* universales», es abusiva: impone al individuo un colectivismo ideológico y un mantra epistemológico basado única y exclusivamente en su orientación sexual.

Intervencionismo

Como entusiasta defensora judía propalestina y portavoz de la Internacional *queer*, Schulman protesta contra el profesor gay palestino Joseph Massad. Según él, la oposición binaria heterosexual/homosexual es ajena a Oriente; es básicamente un aparato occidental que impone conceptos de homosexualidad sobre el sexo entre hombres»[13]. Para Massad, gays y lesbianas no son categorías universales, y el intento de universalizarlas es consecuencia directa de la acción de activistas pro derechos humanos que proyectan su síntoma particular a costa de su «sujeto solidario».

Su argumento es coherente y merece atención. Como Heidegger, y otras mentes desarrolladas (personas que aceptan que el arraigo moldea nuestra visión), Massad considera que el sujeto humano es un producto de su cultura, lengua, rituales, geografía, etcétera. El enfoque de Schulman es el resultado de una escuela del pensamiento ingenua, fenomenológica y antropocéntri-

---

13. *Ibid.,* p. 66.

ca. Como muchos otros progresistas y activistas identitarios de su generación, ella cree que las personas son las «autoras de sus biografías», y que estas biografías, de algún modo, son universales e intercambiables.

El choque ideológico es crucial. Massad propone que la universalización del síntoma, como sugirió Schulman, y la Internacional *queer* tan solo son otra forma de intervencionismo inmoral occidental. Impone y proyecta categorías liberales occidentales sobre los demás.

Los activistas proderechos LGTB y feministas han sido utilizados para promocionar conflictos neoconservadores y sionistas. Es bien sabido que, con anterioridad a la llamada «guerra contra el terrorismo» y la invasión angloestadounidense de Afganistán, los grupos de defensa de los derechos de las mujeres ayudaron a producir la base moral para el conflicto. La oposición de Occidente a Putin y la política rusa cuenta con el apoyo y a veces la dirección de campañas gays y activistas de Pussy Riot[14]. Y grupos proderechos gays han preparado el terreno, si bien inconscientemente, para una posible intervención militar en África central[15]. ¿Es una coincidencia que la política identitaria y las campañas progresistas a menudo precedan a guerras imperialistas neoconservadoras?

---

14. Pussy Riot es un grupo de música ruso de protesta feminista con base en Moscú. De acuerdo con ciertas fuentes de internet, la Fundación Nacional para la Democracia lo respalda.

15. Se ha afirmado que el rechazo populista de los líderes africanos a los derechos gays (Robert Mugabe, Yahya Jammeh y Yoweri Museveni) está motivado por un claro desafío a la intervención occidental. Al mismo tiempo, la actual campaña occidental por los derechos LGBT en África puede entenderse como un pretexto para otro conflicto «moral» intervencionista más.

Sobre la ceguera

La disputa Schulman/Massad es una ilustración fascinante del agujero negro intelectual en el corazón del discurso político identitario. En línea con la imposibilidad de la vieja izquierda de congeniar con la clase trabajadora, Schulman, defensora de la política identitaria, expresa frustración con el homonacionalismo. Por alguna razón, estos homosexuales israelíes atienden al llamamiento «sionista» en vez de unirse a la cosmopolita (seudobolchevique) revolución *queer*.

Parece que tanto la vieja izquierda como la nueva izquierda se sienten frustradas por la apatía de sus sujetos solidarios. Ni el obrero ni el sujeto marginal —en este caso, el homosexual— atienden como es debido al llamamiento político «progresista». Del mismo modo que el trabajador desafía o ignora simplemente la idea de la revolución, el homosexual israelí, a lo que parece, prefiere unirse a la campaña de la *hasbara* (propaganda) israelí en lugar de permitir que su orientación sexual guíe todas sus decisiones políticas.

Se me ocurren dos explicaciones posibles de este fracaso en el centro del pensamiento de la nueva izquierda, liberal y progresista. Puede ser que tanto la vieja como la nueva izquierda hayan fracasado reiteradamente a la hora de identificar el síntoma; por el contrario, inventan o imponen un síntoma como sugiere Massad. Pero las personas son algo más que un simple conjunto de síntomas.

En otras palabras, «Ser» es más complicado que una mera fórmula dialéctica-materialista: estatus socioeconómico, color de piel u orientación sexual. Como tal, «Ser» pertenece al ámbito de lo inefable. Ser pertenece al ámbito de lo «Real lacaniano», porque es inalcanzable. El intento de reducirlo a una serie de binarismos es un proyecto inhumano y fútil que nos precipita a todos hacia el desastre.

Victimismo frente a blanquitud

En comparación con la derrota general de la buena vieja izquierda sindicalista, la nueva izquierda y la política identitaria han gozado de un éxito notable. Al menos en Occidente, liberales, nueva izquierda y mercaderes identitarios han conseguido situarse en el centro del discurso político, la cultura y la atención mediática mayoritarios. Al menos de momento, dominan los medios de comunicación generalistas.

Entretanto, los obreros estadounidenses han sido víctimas de una humillación constante. Los han despreciado como personas blancas, nacionalistas blancos, ocasionalmente supremacistas blancos y, con suficiente frecuencia, como «paletos»[16]. Cuando una persona negra no sigue el protocolo de la política identitaria, como la líder británica de Momentum, Jackie Walker[17], o el conocido cómico francés Dieudonné M'bala M'bala, la tachan inmediatamente de la lista de héroes multiculturales y la recolocan en el cajón de «fanáticos racistas». Esto es lo que ocurrió con el movimiento Black Lives Matter. En cuanto el movimiento expresó su solidari-

---

16. Popularmente conocidos como *rednecks*, son los blancos incultos de las zonas rurales del sur de Estados Unidos (N. T.).

17. La vicepresidenta de Momentum y activista laborista británica Jackie Walker fue interrumpida en una conferencia sobre antisemitismo del Partido Laborista, luego de que criticara el día de conmemoración del Holocausto por no incluir a víctimas no judías del genocidio. Después de este suceso, Walker fue expulsada del Partido Laborista.

dad con otros pueblos oprimidos (palestinos), le enseñaron rápidamente qué es lo que importa de verdad.

Tenemos que entender por qué la gente adoptaría voluntariamente la segregación exclusiva antes que una unidad amplia e inclusiva. ¿Qué es lo que empuja a Julie, Moishe y Kelvin, a quienes hemos conocido antes, a adoptar una política sectaria y exclusiva?

La política identitaria se sostiene por la percepción del victimismo. Del mismo modo que en el cosmos político identitario, un blanco, un cristiano o un *goy* imaginario representa una amenaza para el judío, también el varón, como si de una ley física se tratara, oprime a la mujer, el paleto blanco amenaza al negro y la islamofobia persigue al musulmán. Por utilizar la terminología «progresista» de Hillary Clinton, es una visión política del mundo definida por los «deplorables».

Nos enfrentamos a identidades que son definidas por un sentido del victimismo y la clara noción de un opresor. La política identitaria establece un transparente binarismo entre los desfavorecidos y los privilegiados. Negro y blanco, mujer y hombre, gay y heterosexual, musulmán y Occidente.

Pero ¿qué hay del judío y del *goy*? No sería del todo acertado incluir a los judíos entre los «desfavorecidos» y arrojar a los *goy* al cesto de los «privilegiados». Después de todo, los judíos se cuentan entre los grupos étnicos más ricos y formados de Occidente. Su élite está sobrerrepresentada en las finanzas, los medios de comunicación y la cultura occidental. Son claramente privilegiados.

Por otra parte, ¿qué es un *goy*? Un breve intento de averiguarlo revelaría que el *goy* es básicamente el resto de la humanidad, o simplemente la humanidad. En este sentido, la política identitaria judía crea un binarismo que contrapone los judíos a la humanidad. Este parece ser un problema perpetuo para los judíos y explica el rol histórico de la política identitaria judía a la hora de evocar sentimientos antijudíos.

La blanquitud como concepto contrarresta esta dificultad en el núcleo de la política identitaria judía. La blanquitud fractura la categoría *goy* (gentil) imaginaria en una serie de grupos marginales. En vez de judío frente a humanidad como oposición binaria, ahora tenemos al judío frente al blanco, el judío frente al antisemita, el judío frente al terrorista yihadista, etcétera. En cada uno de estos «campos de batalla», el activista identitario judío busca diferentes aliados.

Cuando se trata del judío frente al blanco, el judío progresista cierra filas con el movimiento en favor de los derechos civiles y Black Lives Matter. Pero los identitarios judíos forman alianzas con toda clase de grupos oprimidos. Confluirán con las mujeres en su lucha contra el hombre blanco. Lucharán con los inmigrantes contra el nacionalista blanco. Lucharán con los musulmanes contra la islamofobia blanca[18]. Pero existe un problema inminente. La oposición brilla por su ausencia. A pesar de las numerosas batallas por un mundo mejor, difícilmente cualquiera ahí fuera se identifica de verdad como varón blanco, islamófobo blanco, nacionalista blanco o supremacista blanco.

Por distintas razones, puede que esto tenga que ver con cierto elemento de privilegio; las personas que son blancas difícilmente perciben el color de su piel. La blanquitud es una categoría identitaria que, al menos momentáneamente, se impone sobre las personas blan-

---

18. Algunos judíos también aunarán fuerzas con grupos ultraderechistas como la Liga de Defensa Inglesa (EDL), secundando su batalla contra el «terror yihadista» y la transformación de Londres en lo que la acérrima periodista sionista Melanie Philips llama «Londonistán».

cas y es ajena a la mayoría de ellas. Huelga decir que los pocos que se identifican políticamente y de forma proactiva como blancos suelen ser los que hacen campaña por los derechos de los blancos. En otras palabras, claman que los discriminan e insisten, por ejemplo, en que si la diversidad es el camino del progreso, no debería excluir a las personas blancas.

En este sentido, el llamamiento contra la blanquitud es una variante del determinismo biológico fundada en una dialéctica negativa. Si el antisemitismo se define por «odiar a los judíos por ser judíos», entonces la misantropía política identitaria es una forma similar de odio orientado biológicamente. Odia a los blancos por ser blancos. Odia a los hombres por ser hombres («todos los hombres son violadores»), etcétera. Lidiamos con una ideología política guiada por la proyección. Los identitarios antiblancos, por ejemplo, atribuyen su ideología sectaria a personas que casualmente han nacido blancas.

La judeidad, como analizo en mi libro *La identidad errante*, puede definirse como las múltiples formas de celebrar mi elegibilidad, claramente una forma de privilegio. De entre ellas, el sionismo es el precepto político judío contemporáneo más asertivo, beligerante y exitoso. Pero si queremos captar el éxito del sionismo, si queremos comprender por qué Schulman percibe que los gays israelíes favorecen el homonacionalismo, tenemos que entender que el sionismo, al menos tradicionalmente, es una forma de empoderamiento radical y no una parte de la afinidad política identitaria de la nueva izquierda con el victimismo.

Para analizar el pensamiento ideológico sionista echaremos un vistazo al menosprecio que los primeros sionistas sentían por sus compatriotas judíos.

Estas fueron las palabras de A. D. Gordon[19], fundador del sionismo laborista:

> Somos un pueblo parasitario. No tenemos raíces en el suelo, no hay tierra bajo nuestros pies. Y somos parásitos no solo en un sentido económico, sino en espíritu, en pensamiento, en poesía, en literatura, y en nuestras virtudes, nuestros ideales, nuestras máximas aspiraciones humanas.

La revista juvenil sionista marxista *Hashomer Hatzair* afirmaba en 1936:

> El judío es una caricatura de un ser humano normal y natural, tanto física como espiritualmente. Como individuo en sociedad se rebela y se quita el arnés de las obligaciones sociales, no conoce el orden ni la disciplina[20].

Ber Borochov, el revolucionario socialista judío tampoco veía con buenos ojos a los judíos:

> El espíritu emprendedor del judío es irreprimible. Se niega a ser un proletario. Aprovechará la primera oportunidad para subir un peldaño más en la escala social[21].

Lo que aparentemente inspiró a los primeros pensadores sionistas fue una honda revulsión hacia los judíos de la diáspora. Rechazaron la primacía del síntoma judío,

---

19. D. Gordon (1856-1922) fue uno de los primeros ideólogos del sionismo.

20. Shomer «Weltanschauung», *Hashomer Hartzair*, diciembre de 1936, p. 26. Citado en Lenni Brenner: http://www.marxists.de/middleast/brenner/cho2.htm#n10.

21. Ber Borrochov, «The Economic Development of the Jewish People», 1916, http://www.angelfire.com/il2/borochov/eco.html.

predicando una metamorfosis radical de los judíos. Prometieron que el sionismo civilizaría a los judíos de la diáspora mediante un regreso a casa fabricado.

El sionismo, al menos en sus primeras fases, rechazaba por completo el discurso del victimismo. Fue un capítulo único en la historia judía, cuando los judíos se miraron al espejo y tuvieron el valor de reconocer, al menos para sus adentros, que les repugnaba lo que veían. Prometieron que cambiarían y se esforzarían por ser un «pueblo como los otros pueblos».

Examinar el sionismo temprano fijándonos en las relaciones entre lo político y lo humano explica el atractivo sionista. A semejanza del fascismo tres décadas más tarde, el sionismo sintetizó utopía y nostalgia, ser/devenir, el sueño y lo Real, la izquierda y la derecha. El presente le repelía, e insistía en el cambio. Pero el futuro que prometía era nostálgico por naturaleza. Se enraizaba en un pasado imaginario de orígenes fantasmáticos (el relato bíblico). Ciento veinte años antes que Donald Trump y cuarenta años antes que Hitler, los primeros sionistas prometieron a los judíos que podrían «ser una vez más» un gran pueblo.

En última instancia, el sionismo fracasó colosalmente en su empeño por cambiar al judío. Los síntomas que perturbaron a Herzl, Nordau, Borochov, A. D. Gordon, Ben Former y otros, son más visibles que nunca. Israel es todo menos una sociedad proletaria, y su espantoso expediente ético está salpicado de numerosos informes de Naciones Unidas sobre violaciones de derechos humanos y crímenes contra la humanidad. Sin embargo, el sionismo fue un triunfo político. En menos de seis décadas, cumplió su promesa con los judíos. Robó Palestina y, con sobrado apoyo internacional, la convirtió en una patria nacional judía a costa de su población indígena. Los grupos de presión judíos proisraelíes dominan la política occidental por numerosos medios, y la existencia de un Estado solo para judíos aún no se ha puesto seriamente en entredicho.

A diferencia del primer sionismo, que se distinguió por cierta autocrítica seria, la política identitaria es un ejercicio de amor propio acrítico: en el sionismo temprano, el movimiento identitario abiertamente asertivo y militante se caracterizó porque los judíos asumían la responsabilidad de sus acciones, así como de su destino. Pero la política identitaria defiende la completa ausencia de la responsabilidad personal.

En el contexto de la política identitaria de la nueva izquierda, la culpa siempre es de otro. La feminista acusa al hombre chovinista, el negro acusa al blanco racista, el palestino acusa a los sionistas. E incluso en el ámbito del discurso sionista y postsionista, los judíos acusan a los antisemitas y envían a sus hijos de visita a Auschwitz, la meca del sufrimiento judío.

El primer sionismo prometió la liberación mediante el empoderamiento, pero la nueva izquierda y la política identitaria envuelven de victimismo la falsa emancipación.

La política identitaria contemporánea sustituye responsabilidad por parálisis colectiva. Esto es un fallo inabordable: uno no puede emanciparse si su condición es culpa de otra persona. El primer sionismo fue atractivo porque la ideología propiciaba una metamorfosis autogestionada (imaginaria). La política identitaria predica el estancamiento mediante el victimismo, estableciendo binarismos entre los desfavorecidos (los inocentes oprimidos) y los privilegiados (los opresores). Al desviar la responsabilidad, no requiere autorreflexión, y tampoco busca ni ofrece liberación o cambio.

El primer sionismo prevaleció porque la aversión hacia uno mismo y el anhelo de redención nacionalista lo fomentaban. Pero esta etapa de honestidad fue un momento excepcional en la historia judía. El sionismo pronto mutó a un maremoto de amor propio sofocado con una soberbia que maduró en ceguera. Si bien los primeros sionistas solían dar la razón al «antisemita», señalando los síntomas judíos que habían provocado la catástrofe de los judíos, el sionista contemporáneo amplía la etiqueta «antisemita» e incluye a quienes alumbraron las deficiencias políticas y culturales judías. En el contexto de la política identitaria judía contemporánea, el judío, como el negro, la mujer y el gay, se reduce a víctima.

Algunos judíos, y en particular israelíes, sienten desconcierto ante el viraje del primer sionismo al «postsionismo». El sionismo contemporáneo es un estado bipolar en el que el judío es tanto el opresor como la víctima. Algunos expertos e intelectuales israelíes, como Uri Avnery, denuncian el lamentar judío del antisemitismo como un intento de evitar la responsabilidad política y el entendimiento de las consecuencias de las acciones israelíes y judías.

Habida cuenta del importante rol de la *intelligentsia* progresista judía en la formación del pensamiento político identitario a escala mundial, nos queda esta pregunta crucial: ¿por qué la política identitaria sionista aspira al empoderamiento y la política identitaria de la izquierda se conforma con el victimismo?

BIENVENIDOS A LA DISTOPÍA

*La melancolía y la utopía son dos caras
de una misma moneda.*

Günter Grass

ISIS, Escocia, Brexit, Trump: las políticas de la mímica

¿Qué conecta los siguientes fenómenos?

Casi la mitad de los escoceses votaron por separarse de Gran Bretaña.

Más de la mitad de los británicos eligieron salir de la Unión Europea.

Donald Trump fue elegido presidente de Estados Unidos y cientos de musulmanes europeos están luchando con grupos militantes yihadistas en Siria.

Estos acontecimientos guardan una relación intrínseca, pero en el desierto intelectual en el que vivimos, pocos han intentado entender la conexión. Estamos en un punto en que la corrección política y las sensibilidades sectarias limitan las fronteras de nuestra curiosidad.

Desde una perspectiva política, el llamamiento a la independencia escocesa, la victoria del «sí» en el referéndum sobre la salida del Reino Unido de la Unión Europea (Brexit) y la victoria de Trump son consecuencia directa, como parece obvio, del creciente viraje de Occidente hacia el patriotismo, el nacionalismo, el arraigo y el tribalismo. Pero también jóvenes musulmanes europeos viajan a Siria en respuesta al mismo deseo básico. Desde una perspectiva filosófica y también dialéctica, la identificación «yihadista» y el nacionalismo europeo o estadounidense son la antítesis de la política identitaria sectaria que proporciona solo una mímica coja e inauténtica.

Como hemos analizado en capítulos anteriores, Occidente ha experimentado décadas de atentados implacables y divisorios contra los valores patrióticos y familiares y la identidad nacional. La bandera, la Iglesia, la familia tradicional y básicamente cualquier cosa que se asemeje o se vincule al arraigo han estado en el punto de mira. Esta ofensiva ha sido orquestada, principalmente en frentes ideológicos e intelectuales, por quienes suscriben ideas progresistas, liberales y de la nueva izquierda. Entre quienes se incluyen, por ejemplo, iconos de la izquierda como Noam Chomsky que, durante años, ha reclamado la abolición de fronteras y Estados (a excepción, claro está, del Estado judío).

La nueva izquierda ha defendido que el discurso tradicional, nacional y patriótico se sustituya por la política identitaria que, como hemos explorado antes, pretende promover el pensamiento auténtico pero en realidad lo que hace es reemplazar autenticidad por «identificación». La respuesta a esta promoción general de la política identitaria y sus consiguientes normas de corrección política se ha revalorizado en las ideas tribales, patrióticas y nacionalistas.

En aras de entender la incipiente contracultura nacionalista, analizaremos la evolución histórica del sionismo desde la perspectiva de la política identitaria. Si el lector se pregunta por qué me fijo en el sionismo, la respuesta es embarazosamente simple. Las ideologías sionistas fueron, en mi opinión, precursoras en la identificación de la amenaza que entraña la política identitaria[1].

En los años 1970, la política de la identidad se popularizó entre la izquierda y los progresistas judíos. Los estadounidenses y los británicos que asisten a reuniones socialistas y solidarias conocen muy bien a quienes lanzan sus comentarios con un «como judío creo...» o

---

1. Como veremos más adelante, incluso en Estados Unidos, fue el ultrasionista Breitbart.com el que se erigió en la oposición más popular y populista a la política identitaria.

«como judío exijo...». Pero fueron los ideólogos nacionalistas sionistas e israelíes los primeros en entender
que la cultura del «como...» —el culto que empuja a
la gente a identificarse con colectivos sectarios (como
judío, como negro, como musulmán)— podía resultar
efectiva para dividir a los gentiles, pero no era «buena
para los judíos».

Las instituciones sionistas fueron rápidas a la hora
de capitalizar la brecha de la autenticidad que la política
identitaria había creado. El mantra sionista para el judío
de la diáspora era: «En lugar de identificarte "como"
judío en Nueva York, París o Londres, ven a Israel y...
sé judío». En otras palabras, ven a Israel, enrólate en las
Fuerzas de Defensa Israelíes (FDI), aprende a conducir
un tanque o a pilotar un F-16, pasa los fines de semana
en la playa de Tel Aviv, únete a tu gente, *sé* un judío
entre judíos.

Este llamamiento atrajo a muchos jóvenes judíos
de la diáspora. Las FDI están saturadas de soldados so-
litarios que aterrizaron en lo que consideraban su tierra
prometida para llenar su identidad judía de sentido
práctico y espiritual.

El ISIS ofrece lo mismo a los jóvenes musulmanes
occidentales. En vez de identificarse «como musulmanes» en una sociedad hostil que es atea, materialista y
prohíbe el burkini, el Estado Islámico y otras organizaciones yihadistas ofrecen a sus seguidores la oportunidad de venir al «Estado Islámico y... *ser* musulmanes»
en lugar de vivir «como musulmanes»[2]. El atractivo
sionista y del ISIS son básicamente reacciones idénticas
a la política identitaria de la nueva izquierda.

---

2. Lo anterior no es, ni por asomo, una ratificación de la interpretación
que el ISIS hace del islam.

Pero el auge del nacionalismo es omnipresente. Casi la mitad de los escoceses prefirieron separarse del Reino Unido. En vez de elegir a la Gran Bretaña diluida en el multiculturalismo o identificarse «como escoceses», que difícilmente significa nada, prefirieron *ser* escoceses.

Sería imposible aludir a estos sucesos sin mirarse en el reciente referéndum del Brexit, en el que la mayoría de los británicos votaron salir de la Unión Europea, creyendo que así podrían restablecer su unión patriótica. Por lo visto, la mayoría de los británicos quieren *ser* británicos de verdad, en vez de suscribir una veintena de vagas identidades europeas; identidades que en gran parte no llegan a comprender.

La popularidad de Trump y de Sanders entre los votantes republicanos y demócratas obedeció también al rechazo de lo identitario «como» cultura. Tanto Trump como Sanders ofrecieron visiones colectivas unificadoras que favorecían el nacionalismo y el arraigo en oposición al sectarismo y la visión identitaria del mundo.

La pregunta es: ¿por qué sionistas y posteriores israelíes fueron de los primeros en diagnosticar los peligros consustanciales a la política identitaria? ¿Por qué sus instituciones rechazaron el mantra de la nueva izquierda? ¿Por qué fueron los israelíes los primeros en rechazar el discurso progresista del «como» (judío)?

Se me ocurren varias respuestas. Comparadas con la judía en materia de política identitaria, la mayoría de las culturas occidentales son relativamente neófitas. El judaísmo y la cultura judía han participado en la cultura de la identidad; es decir, aplicando estrategias y mecanismos de defensa para preservar una «cohesión judía tribal» durante los últimos dos mil años. Por ejemplo, la dieta *kosher* judía no permitía que el judío comiera con el *goy* y, por lo tanto, sostenía la segregación y la exclusividad. Estos elementos culturales refuerzan un sentido de fraternidad, de lealtad colectiva, de unidad y (entre los judíos) de destino común.

En un nivel más profundo, si la política identitaria y el marxismo cultural son en gran medida escuelas del pensamiento político judío, no es sorprendente que el máximo rechazo al marxismo cultural y a la política identitaria provenga también en gran medida de los judíos. En otras palabras, si el marxismo cultural y la política identitaria son «enfermedades» judías revolucionarias, los judíos han sido los más capacitados, y los primeros, en resistir a estos síntomas, simplemente porque poseen los anticuerpos intelectuales, culturales y espirituales. Es incluso razonable suponer que los revolucionarios judíos dieron con la respuesta a la política identitaria antes incluso de que esta naciera.

En 1936, miles de judíos revolucionarios viajaron a España para luchar contra el ejército del general Francisco Franco, al que creían fascista[3]. Los jóvenes revolucionarios se sentían motivados por una ideología cosmopolita «proletaria» de liberación mundial. Marcharon heroicamente a España, deseosos de entregar sus vidas en nombre de la clase obrera internacional. Pero cuando aterrizaron en Cataluña descubrieron que un cuarto de las Brigadas Internacionales españolas eran judías y que la *lingua franca* era el yidis. Al parecer, los

---

3. Es importante mencionar que un número cada vez mayor de historiadores contemporáneos aceptan que el General Franco no fue un «fascista» en el sentido más convencional del término. Franco no fue un «nacionalsocialista». Fue un patriota católico, pero recibió el apoyo de la Alemania y la Italia fascistas (mientras que el Gobierno republicano contó con el apoyo de la URSS de Stalin).

obreros reales, los de verdad, no pudieron ir a España; tuvieron que quedarse en casa y levantarse por la mañana para ir al trabajo.

Hay un argumento devastador ligado a este relato. Mientras que los jóvenes combatientes judíos viajaron a España en su empeño por ser «obreros» reales, los obreros reales, que no tenían la necesidad de empeñarse en nada, se quedaron en casa. A diferencia de los heroicos jóvenes judíos, estas gentes sabían que eran obreros.

Esta es la mejor explicación que puedo ofrecer del fracaso sistemático de la izquierda globalmente, históricamente y filosóficamente. Para el proletariado real, el hogar, el trabajo y la productividad no son construcciones teóricas. En oposición al estado imaginario del «debería ser» o la Utopía social, ellos están existencialmente enraizados en el «Ser».

Como tal, la verdadera existencia proletaria pertenece al ámbito del pensamiento de derechas y esto podría explicar por qué los obreros en el Reino Unido y Estados Unidos votaron al UKIP [Partido de la Independencia del Reino Unido] y a Trump. Para estos obreros, vincularse a la izquierda podría contradecir sencillamente su esencialidad proletaria.

Los judíos rojos que viajaron a España terminaron combatiendo en legiones judías porque la política identitaria y la orientación izquierdista son en gran parte un terreno intelectual judío de hecho completamente ajeno a los trabajadores. Estos judíos participaron en una forma primitiva de política identitaria (con la clase trabajadora), pero cuanto más se volcaban ellos en sus identificaciones, más yidishablante era su brigada.

Comparar a los jóvenes occidentales que se unen al ISIS hoy en día con la saga española de judíos «rojos» de 1936 es revelador. El entusiasta del ISIS viaja a Siria porque quiere ser «musulmán» y no solo identificarse «como» musulmán. El joven judío de Nueva York se enrola en las FDI porque quiere «ser» judío. Los escoceses quieren «ser» escoceses y los británicos quieren «ser» británicos. Pero el revolucionario judío viajó a Barcelona para dejar de ser judío y, de una vez por todas, hacerse «proletario».

Estos judíos participaron en un ejercicio de participación ilusoria. Para cuando lograron llegar al frente de batalla, rodeados de otros judíos revolucionarios y recibiendo órdenes en yidis, ya estaban más segregados que sus ancestros en el gueto. Los judíos revolucionarios no creían en Dios ni observaban el *sabbat*, sino que mataban a católicos españoles y con frecuencia quemaban sus iglesias, algo que los judíos rabínicos jamás hicieron. El ingenuo intento revolucionario judío de 1936 de identificarse «como» un proletariado cosmopolita fue contraproducente; aquellos jóvenes combatientes terminaron en el gueto militar judío luchando contra patriotas españoles reales y arraigados[4].

La política identitaria judía liberal podrá ser inconsistente e incoherente; los judíos progresistas suelen rechazar el racismo, pero se desenvuelven en grupos solo de judíos que siguen una orientación racial. Sin embargo, el sionismo parece más coherente. Es un movimiento racial, pero, a diferencia de su homólogo progresista, no lo esconde.

Unos días antes de las elecciones presidenciales estadounidenses de 2016, supimos por la prensa israelí que, al menos en Israel, Donald Trump había ganado

---

4. He perdido a mi último amigo judío pacifista por desenmascarar este delirante propósito en el seno de las Brigadas Internacionales españolas. El tema sigue siendo un tabú sagrado en los círculos de izquierdas.

el voto popular. Mientras que en Estados Unidos el 70 por ciento de los judíos estadounidenses votaron a Hillary Clinton y su programa liberal, en Israel más del 50 por ciento de los expatriados estadounidenses votaron a Trump. Este resultado es consistente con el desafío sionista a la política identitaria. El sionismo brinda un sentido (ilusorio) de «arraigo» y «pertenencia». La actitud israelí hacia las comunidades migrantes es brutal. Israel no apuesta por los valores liberales. En Israel, los palestinos sufren discriminación.

Aprobemos o no el mensaje sionista, es difícil negar que los votantes israelíes de Trump, que deben creer que si un muro de separación es bueno para Israel también lo será para Estados Unidos, son consecuentes al menos. Son judíos y piensan como judíos. Aceptan que si la excepcionalidad es válida para Israel, también podría serlo para Estados Unidos. Más adelante descubriremos que el movimiento de la derecha alternativa (*alt-right*), que apoyó a Donald Trump y se integró en su equipo tan pronto como fue elegido, estaba infestado de agitadores sionistas y de *lobbistas* proisraelíes. Los expatriados israelo-estadounidenses parecen concluir que lo que es bueno para Israel es bueno para Estados Unidos y viceversa. Cuesta negar que esta visión es casi tan consistente como carente de ética.

Historia y represión

La historia se considera generalmente un intento de producir un relato estructurado del pasado. Pretende decirnos lo que ha acontecido realmente pero, por lo general, no lo hace. Lo que la historia hace, en cambio, es brindar una narrativa del pasado que esconde nues-

tras vergüenzas y oculta los múltiples sucesos, inciden-
tes y episodios de nuestro pasado a los que no somos capaces de hacer frente. En su evolución, la historia puede
contemplarse como un sistema de supresión. Esto sitúa
al historiador real en un papel semejante al del psicoanalista: ambos quieren revelar lo que ha sido reprimido.
Para el psicoanalista, es la mente inconsciente; para el
historiador, es nuestra vergüenza colectiva.

¿Cuántos historiadores se consagran realmente
a esta tarea? ¿Cuántos historiadores tienen la valentía
suficiente para abrir la caja de Pandora? ¿Cuántos
historiadores son lo bastante osados para cuestionar
realmente la esclavitud? ¿Cuántos historiadores, por
ejemplo, se atreven a preguntar por qué, una y otra
vez, sufren los judíos? ¿Pueden explicar los historiadores palestinos cómo es que después de más de un siglo
de luchas, su capital actual (Ramala) se ha convertido
en una ONG en gran parte financiada por sionistas
blandos como George Soros y su Open Society Institute? ¿Pueden explicarse los británicos por qué, en su
Museo Imperial de la Guerra, erigieron una exposición
permanente del Holocausto dedicada a la destrucción
de un solo pueblo, es decir, los judíos? ¿No deberían
ser más valientes los británicos y mirarse alguno de los
numerosos desastres que ellos han infligido a otros?
Y si a los británicos tanto los inquieta de verdad el
Holocausto, quizá deberían dedicar un rincón de esta exposición a cómo y por qué el Imperio cerró sus
puertas a los refugiados judíos de Europa a finales de
los años 1930.

¿No deberían los estadounidenses hacer lo mismo?
Claramente, tienen un impresionante fondo de catá-
logo de desastres entre los que escoger. Pero, al igual
que los británicos, los estadounidenses prefieren erigir

museos del Holocausto en vez de analizar sus propias
vergüenzas.

The Guardian *frente a Atenas*

El pasado es territorio peligroso; contiene algunas histo-
rias inconvenientes. No es extraño que un historiador-in-
vestigador sincero suela percibirse como un enemigo público. Sin embargo, la nueva izquierda ha inventado un
método académico para abordar el asunto. La función
del historiador «progresista» es producir un relato del
pasado que sea «políticamente correcto», «inofensivo».
Esta narrativa se abre paso en zigzag, pagando su deuda
a lo que está oculto, y produce infinitas desviaciones *ad
hoc* que dejan intacto lo que permanece «reprimido».
El relato histórico progresista está ahí para producir un
relato no esencialista y seguro del pasado. El periódico
The Guardian suele ofrecer un paradigma de este planteamiento.

Por ejemplo, *The Guardian* prohíbe cualquier crítica a la cultura judía o a la judeidad, pero aporta una
plataforma televisada para que dos sionistas rabinos
debatan de cultura árabe e «islamismo»[5]. Al medio de
comunicación no le importa ofender a los «islamistas» o
a los «nacionalistas» británicos, pero se cuida mucho de
no herir ninguna sensibilidad LGTB o judía.

Estas versiones de la cultura o de la historia son im-
permeables a la veracidad, la coherencia, la consistencia
o la integridad. De hecho, el diálogo progresista es la

---

5. Me refiero aquí a un debate televisado de *The Guardian* entre el
entusiasta historiador de la limpieza ultraétnica Benny Morris y el del
propio periódico Jonathan Freedland. http://www.guardian.co.uk/world/
video/2009/sep/08/benny-morris-jonathan-freedland

antítesis del guardián de la verdad; es, en el fondo, «el guardián del discurso», y me estoy refiriendo aquí a la nueva izquierda y a los discursos liberales en particular.

Pero, sin duda, existe una alternativa a la actitud «progresista» hacia el pasado. El «historiador real»[6] es, de hecho, un filósofo, un esencialista, un pensador que formula la pregunta: «¿Qué significa estar en el mundo dentro del contexto de la temporalidad y el Ser?». Este verdadero inquisidor intenta responder a la pregunta de qué hace falta para «vivir entre otros». Trasciende lo singular, lo particular y lo personal, buscando eso que impulsa verdaderamente nuestro pasado, presente y futuro; a saber, la esencia. El historiador real se recrea en «el ser y el tiempo» y busca una lección humanista y un argumento ético mientras mira en la poesía, el arte, la belleza, la búsqueda del logos, es decir, de la razón. El currante real tiene que excavar en el miedo, extrayendo lo que está oculto, porque sabe que dentro de lo que se reprime hay un grano de verdad.

Leo Strauss hace un buen aporte a este respecto. En sus escritos, el fallecido filósofo político germano-estadounidense sostiene que la civilización occidental oscila entre dos polos intelectuales y espirituales, Atenas y Jerusalén. Atenas, como hemos explorado antes, es la cuna de la razón, la filosofía, el arte, la ciencia y el logos. Jerusalén, por otra parte, es la ciudad de Dios donde impera la ley de Dios. El filósofo, el verdadero historiador, o el esencialista, en este sentido, es el ateniense, «el guardián de la verdad». El jerosolimitano es «el guardián del discurso», el que guarda la puerta para

---

6. Si la historia es el intento de narrar el pasado a medida que avanzamos, el «historiador real» es el investigador que intenta moldear, re-moldear, visitar, re-visitar o, en suma, revisar el pasado.

mantener la ley y el orden a costa del éxtasis, la poesía, la belleza, la razón y la verdad.

Spielberg frente a Tarantino

Hollywood nos brinda un ejemplo de la oscilación entre Atenas y Jerusalén: entre el guardián jerosolimitano y el ateniense esencialista y enemigo público. A la izquierda del mapa encontramos a Steven Spielberg, el genio progresista, el maestro de la corrección. A la derecha hallamos la *poiesis* misma, Quentin Tarantino, el rebelde esencialista.

Spielberg produce la épica histórica última, desinfectada. La historia se basa en hechos cuidadosamente escogidos para producir un relato premeditado y seudoético que mantiene el discurso recto, la ley y el orden y, lo que es más importante, la primacía del sufrimiento judío: *La lista de Schindler* (1993) y *Munich* (2005). Spielberg da vida a una grandiosa épica retrospectiva. Su táctica suele ser muy simple. Contrapone una vívida y transparente oposición binaria: nazis frente a judíos, israelíes frente a palestinos, Norte frente a Sur, rectitud frente a esclavitud. En suma, es lo «progresista» frente a lo «reaccionario». De alguna manera, siempre sabemos de antemano en qué bando está, sabemos quiénes son los malvados.

La oposición binaria es un camino seguro. Proporciona una clara distinción entre lo *kosher* y lo «prohibido». Pero Spielberg no es un productor banal. Permite una oscilación muy calculada y cuidadosamente meditada. En un gesto seudoempático, permitirá la entrada de un único nazi en la familia de los buenos. Un palestino será una víctima. Se permitirá variaciones menores siempre y cuando el marco principal del discurso permanezca intacto. Spielberg es un experto guardián del discurso

y un maestro de su medio de expresión artística: puede
mantener fácilmente el interés de su público durante un
entretenido cóctel cinematográfico compuesto de un ba-
tiburrillo seudohistórico/fáctico. Lo único que necesitas
hacer es comerte las palomitas y seguir la trama. Al final
de la película, el mensaje ético predigerido está plantado,
a salvo, en el centro de tu vanidoso universo.

A diferencia de Spielberg, Tarantino no pretende crear
la apariencia de un relato veraz; repelerá incluso la historicidad. Para Tarantino, «el mensaje» o la moralidad son
intrascendentes. Tarantino es un esencialista reaccionario,
le interesa la naturaleza humana, el «Ser», y parece sentir
una fascinación especial por la venganza y su universalidad.
Su totalmente descabellada película *Malditos bastardos*
(2009) retrata el odio judío e israelí hacia el *goy* mejor de lo
que podría hacer jamás ningún estudio académico.

Su creación ficcional cinematográfica de una ven-
gativa y asesina unidad de comando judía de la Segunda
Guerra Mundial arroja luz sobre la devastadora realidad
contemporánea de la incansable presión de los *lobbies*
judíos por provocar más y más conflictos globales contra Irán, Siria y Libia, entre otros países. Pero *Malditos
bastardos* tiene otro atractivo universal: a raíz del 11-S, el
ojo por ojo del Antiguo Testamento es ahora la fuerza
impulsora de la política angloamericana.

Abe'le[7] frente a Django

El choque espiritual entre el jerosolimitano Spielberg y
el ateniense Tarantino es más que patente en sus sem-
blanzas de los esclavos y la esclavitud.

---

7. Diminutivo yidis de Abe, a su vez diminutivo de Abraham. (N. T.).

La historia de la esclavitud en Estados Unidos es problemática y, por razones obvias, numerosos aspectos de esta historia todavía yacen enterrados bien hondo. Spielberg y Tarantino comparten poco de la esclavitud y sus consecuencias en sus versiones cinematográficas.

En su epopeya histórica de 2012, *Lincoln*, Spielberg convierte a Abraham Lincoln en un genuino «intervencionista moral» que, contra todo pronóstico, abolió la esclavitud. Sospecho que Spielberg conoce la historia de Estados Unidos lo bastante bien como para saber que esta versión cinematográfica es un intento de ocultación puro y duro. Debe saber que el aspecto humanitario de la campaña política contra el esclavismo fue el mero pretexto de una cruenta guerra que obedeció a objetivos económicos. Pero, si bien salpica su relato de unas pocas anécdotas históricas, pone su granito de arena para dejar bien enterrada la vergüenza bajo la alfombra. Su Lincoln es apreciado como un héroe de la hermandad humana, guiado por principios morales, y el argumento entero presenta los síntomas de un ataque contemporáneo del grupo de presión AIPAC (Comité Americano-Israelí de Asuntos Públicos) contra el Capitolio. Como uno de los astutos guardianes del discurso, Spielberg ha cumplido con creces su tarea, añadiendo un barniz cinematográfico considerable para garantizar que la verdadera vergüenza de Estados Unidos permanezca inalterable.

Como era de esperar, la visión de Spielberg sobre Lincoln fue aplaudida por la prensa judía. En la revista *Tablet* llamaron al presidente Avraham (Abraham) Lincoln Avinu (nuestro padre, en hebreo)[8]. Según la publicación, Avraham es definitivamente el buen judío:

---

8.   http://www.tabletmag.com/jewish-arts-and-culture/116078/avra-ham-linoln-avinu.

Tal como lo imaginan Spielberg y Kushner, el Lincoln de *Lincoln* es el *mensch* (misericordioso, en yidis) por excelencia. Es un psicólogo cualificado por naturaleza, un intérprete de sueños y un hombre bendecido con un espíritu judío extraordinariamente lúcido y sutil.

En suma, Spielberg transforma a Abraham Lincoln en el Abe'le que combina todas las destrezas, los dones y los rasgos de Moisés (el líder), Freud (el sabio) y Alan Dershowitz (el mercader de la propaganda sionista). No obstante, algunos judíos se quejaron de la película.

Como historiador judío estadounidense —escribe lance J. Sussman—, siento tener que decir que la última película de Spielberg me ha defraudado. Tiene cosas muy buenas, pero habría sido mejor si hubiera incluido al menos a un judío en la película, en algún lugar[9].

Supongo que a Steven Spielberg le será difícil cumplir con toda la tribu. Quentin Tarantino ni lo intenta, puesto que no pretende entronizar a nadie. Como una epopeya fantasmática que jamás aspira ser historia, *Django desencadenado* (2012) desentierra los secretos más oscuros de la esclavitud. Excava lo que está oculto y, a juzgar por la reacción hostil de otro genio del cine, Spike Lee, consigue a todas luces llegar muy hondo.

Con un espectáculo estilístico del género del wéstern, Tarantino aborda cada uno de los aspectos que nos aconsejan no tocar. Trata el determinismo biológico y la brutalidad blanca. Luego desvía su foco crítico hacia un segmento de la pasividad, la sumisión y la colaboración.

---

9.   http://www.jewishjournal.com/oscars/article/spielbergs_lincoln_and_the_jews_an_untold_story.

El director ateniense construye una serie de personajes mitológicos griegos deiformes; Django es el indómito rey de la venganza, y Schultz, el dentista alemán convertido en cazador de recompensas, es el maestro del ingenio, la amabilidad y la humanidad con un diente de sabiduría gigante y reluciente encima de su caravana. Calvin Candie es el amo hegeliano (racista) y Stephen es el esclavo hegeliano, que emerge como la personificación de la transformación social. La relación entre Candie y Stephen es una versión cinematográfica profunda pero subversiva de la dialéctica hegeliana del amo-esclavo.

En la dialéctica de Hegel, la autoconciencia se constituye por un proceso de duplicación en el espejo. En *Django desencadenado*, Stephen, el esclavo, parece encarnar la sumisión, pero solo en la superficie. En realidad, Stephen es mucho más sofisticado y observador que su amo Candie: está en su camino hacia la cima. Cuesta determinar si Stephen es un colaborador o el jefe del cotarro. Y, sin embargo, en la película de Tarantino, la dialéctica de Hegel está compartimentada de alguna manera. Django, una vez desencadenado, es impermeable al discurso dialéctico hegeliano.

Su liberación accidental infunde en él un auténtico espíritu de venganza. Soslaya las normas, incluidas las de la naturaleza (determinismo biológico) y, cuando se le ofrece la oportunidad, mata al amo, al esclavo y a cualquiera que se cruce en su camino. Cuando la epopeya ha tocado a su fin, Django deja la plantación de Candie completamente arrasada; símbolo cinematográfico del moribundo Sur antibélico y la «dialéctica del amo y el esclavo». Sin embargo, mientras Django cabalga hacia el alba junto a su libre esposa Broomhilda von Shaft, despertamos a la improbable fantasía fílmica. En realidad, en el mundo exterior a la gran pantalla, donde las vidas negras realmente no importan, la plantación de Candie permanecería seguramente intacta y a Django volverían a encadenarlo. Tarantino contrapone con cinismo sueño (la realidad cinematográfica) y realidad (tal como la conocemos). Así, consigue alumbrar la profundidad de la miseria tejida en torno a la condición humana y en particular sobre la realidad de los negros de América.

Tarantino no es ningún «guardián del discurso». Todo lo contrario, es el «correo diario de la verdad», el enemigo acérrimo del estancamiento. Su obra debería considerarse un ataque esencialista contra la corrección política y el «amor propio».

Mientras que Estados Unidos se sumía en el letargo del exótico embrujo de la corrección, las utopías identitarias y los estudios poscoloniales, Tarantino y muy pocos más consiguieron conservar un espíritu de resistencia ateniense. Tarantino sigue levantando piedras y liberando víboras. Sin embargo, como devoto ateniense que es, no ofrece respuestas como tampoco da lecciones morales. Nos deja perplejos pero extasiados. Porque para Tarantino el filósofo, el dilema es la esencia existencial. En cambio, Spielberg, el icono jerosolimitano, proporciona respuestas. A fin de cuentas, dentro del discurso «progresista» de la corrección política, es la respuesta, en retrospectiva, la que determina qué preguntas tenemos derecho a hacer.

Hay escasez de Tarantinos y, si Leo Strauss está en lo cierto y la civilización occidental puede verse como una oscilación entre Atenas y Jerusalén, entonces necesitamos desesperadamente más atenienses y sus reflexiones esencialistas reaccionarias.

Pensando dentro de la Caja

> Porque si se supiera, aun sin admitirlo, que la inves-
> tigación contemporánea hubiera demostrado la in-
> exactitud «de hecho» de algunas de las afirmaciones
> de Marx, un marxista ortodoxo serio podrá recono-
> cer incondicionalmente todos esos nuevos resultados
> … El marxismo ortodoxo no significa, por tanto,
> una adhesión sin crítica a los resultados de la inves-
> tigación de Marx, no significa un «acto de fe» en tal
> o cual tesis, ni tampoco la exégesis de un libro «sa-
> grado». La ortodoxia en cuestiones de marxismo se
> refiere, por el contrario y exclusivamente, al método.
> György Lukács, *Historia y conciencia de clase* (1923)

En su libro de 1933, *Psicología de masas del fascismo*, el marxista judío y psicoanalista freudiano Wilhelm Reich intentó explicar la contundente victoria del fascismo «reaccionario» sobre el comunismo «progresista». Reich estaba desesperado por rescatar la trascendencia del marxismo revolucionario. Para ello, creó una nueva perspectiva teórica «posmarxista» que explicase por qué los alemanes de su tiempo habían favorecido el «autoritarismo» frente a una revolución comunista «preferible».

De acuerdo con Reich, la atracción de una política reaccionaria y conservadora y la inclinación hacia el fascismo obedecen a una larga historia de patriarcado rígido y autoritario que afecta a la familia, la crianza, la educación primaria y, en última instancia, al conjunto de la sociedad.

Por supuesto, la considerable popularidad del fascismo en Europa podría haber aportado al Reich más científico una clara refutación de la política, las teorías y las predicciones de la clase obrera marxista. Al fin y al cabo, el marxismo dialéctico ha fracasado como teoría social y como profecía metódica. Sin embargo, por alguna razón, él, al igual que tantos otros intelectuales judíos de su tiempo, decidió seguir siendo fiel a Marx. En su deseo de rescatar lo que quedaba del materialismo dialéctico e insistiendo en que la auténtica revolución política comunista prevalecería en cuanto la represión sexual fuera derrocada, Reich sintetizó a Marx y a Freud en una «revolución sexual».

Wilhelm Reich postuló que la liberación sexual a escala masiva salvaría el dogmatismo marxista y también a los trabajadores. En el quinto capítulo de *Psicología de masas del fascismo*, declaró la guerra al patriarcado y a la familia conservadora, que veía como el núcleo del conservadurismo de masas:

> Desde la perspectiva de la evolución social —escribe Reich— la familia no puede entenderse como la base del Estado autoritario, sino únicamente como una de las instituciones más importantes que lo sostienen.

La familia tradicional es

> la célula germinal reaccionaria, el lugar de reproducción del individuo reaccionario y conservador. La familia, que es en sí misma consecuencia del sistema autoritario, se convierte en la institución más importante para su conversación.

A ojos del afecto neomarxista, tanto el romanticismo como los valores de la familia tradicional eran obstáculos para la reforma socialista, y el vehículo de Reich hacia el nuevo orden mundial era... ¡el orgasmo! En su estudio de 1927, *La función del orgasmo*, llegó a la siguiente conclusión: «Hay una cosa que funciona mal en los pacientes neuróticos: la falta de una satisfacción sexual plena y repetida». En manos de Reich, el híbrido

Marx-Freud estaba derivando en lo que algunos críticos cínicos apodaron «utopía genital».

Reich creía que para las mujeres de la sociedad patriarcal el sexo se insertaba en el contexto del deber y/o se restringía a la procreación.

> La perdurabilidad de la institución familiar autoritaria no se funda solo sobre la dependencia económica de la esposa y los hijos hacia el marido y el padre. Esta dependencia puede tolerarse solo si se reprime en ellos la conciencia de seres sexuales. La mujer no debe aparecer como un ser sexual, sino únicamente como productora de hijos[10].

En la sociedad tradicional, la mujer fue despojada de toda conciencia libidinosa:

> Esta idealización de la maternidad es esencialmente un medio de impedir que las mujeres desarrollen una conciencia sexual y rompan las barreras de la represión sexual, de mantener vivas sus ansiedades sexuales y sentimientos de culpa. La sola existencia de la mujer como un ser sexual amenazaría la ideología autoritaria; su reconocimiento y afirmación social significaría su hundimiento[11].

Las mujeres eran meras fábricas de niños, cuyo rol era exclusivamente instrumental porque:

> Para el belicismo imperialista es necesario que las mujeres no se rebelen contra la función que se les ha impuesto, la de no ser otra cosa que máquinas de parir.

---

10. Wilhelm Reich, *The Mass Psychology of Fascism*, p. 56.
11. *Ibid.*, p. 56.

Esta descripción de la mujer y de la familia encaja mejor en la familia ortodoxa judía tradicional que, pongamos, en la célula familiar alemana, francesa, italiana o española.

Pero Wilhelm Reich no solo fue un revolucionario dialéctico social, sino también un pragmático. Inventó el Orgón, o acumulador de energía orgónica, una caja de madera del tamaño de una cabina de teléfono, revestida de metal y aislada con lana de acero. El Orgón era un concepto vago: una energía esotérica, una fuerza vital universal sin masa pero omnipresente y que *prometía* recargar el cuerpo de una fuerza vital que circulaba en la atmósfera y que Reich bautizó como «energía orgónica». Su orgón prometía mejorar la «potencia orgiástica» y, por extensión, la salud física y mental. De esta forma, el recién liberado sujeto occidental era invitado a experimentar el verdadero significado de Marx y Freud a través del sudor hacia la emancipación plena mediante la acumulación de «energía orgónica» en esta caja de madera.

Quienes vieron la comedia de Woody Allen *El dormilón* (1973), probablemente recuerdan el Orgasmatrón, la máquina que provocaba orgasmos. En la versión satírica que Allen hace del Orgón de Reich, es el régimen autoritario quien anima a sus ciudadanos a emanciparse a través de sus genitales. En la profética película de Allen, el orgasmo, como el consumismo, es una recompensa del régimen opresivo que desvía la atención de las masas de su miseria existencial.

Los alemanes «autoritarios», tanto fascistas como comunistas, expulsaron rápidamente a Reich de sus filas. En 1934, ni siquiera Freud quería tener nada que ver con Reich. Los estadounidenses progresistas, en cambio, toleraron sus ideas, al menos durante un tiempo. Finalmente Reich fue detenido y murió en una cárcel de

Estados Unidos dejando atrás a ciertas mentes radicales, todavía convencidas de que la caja del Orgón hacía las veces de invernadero para la energía cósmica libidinosa.

En el variopinto reino pornográfico en el que vivimos, el universo se ha convertido en un extenso contenedor orgónico: la pornografía es de libre acceso; el sexo genital se considera como algo casi victoriano; la heterosexualidad, en una fase determinada, estuvo a punto de cuajar en aventura marginal. Y, sin embargo, el autoritarismo no ha desaparecido; todo lo contrario. Por recurrir a la metáfora de Marx: son el sexo y la pornografía, y no la religión, lo que se ha convertido en el opio del pueblo. Y, sin embargo, este universo «progresista» en el que vivimos no ha derrotado la tendencia a la violencia. Asesinamos a millones de personas por poderes en nombre del intervencionismo moral y la Coca-Cola.

¿Fue Wilhelm Reich un hideputa?

Cuando Wilhelm Reich tenía diez años, sus padres contrataron a tutores para que lo preparasen para el examen de acceso a la escuela secundaria. Según el propio Reich, su madre tuvo una aventura con uno de sus tutores, y el joven Reich se puso celoso. Reich diría después que por un momento pensó en chantajear a su madre para que se acostara con él o de lo contrario le iría a su padre con el cuento de la aventura amorosa. Finalmente Reich se lo contó a su padre, que reaccionó duramente. En 1910, tras un prolongado período de palizas del padre, su madre se suicidó. Y Reich se culpaba de ello.

Que un hombre tan influyente, que reclamó un papel fundamental en la liberación sexual de la mujer y los niños occidentales, tuviera un «inicio» tan problemático me interesó y me llevó a investigar sobre los orígenes de su saga edípica.

La persona que prestó atención a este inquietante episodio fue Myron Sharaf, psicoterapeuta estadounidense y profesor de Harvard. Sharaf fue estudiante, paciente y colega de Reich de 1948 a 1954. Es también el autor de la que se considera generalmente la biografía definitiva de Wilhelm Reich, *Fury on Earth* (1983).

Leyendo el relato de Sharaf sobre la fantasía del chantaje de Reich, mis conclusiones son más inquietantes incluso que el supuesto incidente (cuya veracidad pongo en tela de juicio).

La manera en que el asunto salió a la luz ya es peculiar en sí mismo. A finales de 1919 y principios de 1920, cuando Reich tenía unos veintitrés años y ya era un analista en ejercicio en el círculo de Freud, escribió su primer artículo publicado, *The Breakthrough of the Incest Taboo in Puberty*. En este artículo, Reich informaba de un paciente que ilustraba ciertos patrones psicológicos. Sin embargo, a decir del propio Sharaf, había pocas dudas de que el «paciente» descrito fuera Reich, sobre todo porque muchos años después Reich «le contó a su hija mayor que el artículo era un autoanálisis»[12].

Es una revelación perturbadora. En primer lugar, el joven Reich publica el relato fabricado de un paciente en una revista científica. Esto ya es suficiente para desprestigiarlo, pero hay algo más que Sharaf no recalca. A la sazón, Reich estaba bajo el embrujo de Sigmund Freud. Esto sugiere que Reich podría haberse inventado el relato del paciente para verificar o validar el complejo de Edipo, un complejo que fue prácticamente una

---

12. Myron Sharaf, *Fury on Earth*, p. 40.

invención de su mentor. Así, mientras que científicos y académicos intentan formar teorías que se correspondan con la realidad y con los hechos, parece ser que Reich, un miembro del culto a Freud, revirtió el método científico, inventando datos que se correspondieran con una teoría.

Manipular datos es una estrategia comunista común. En uno de los primeros chistes rusos del período posterior a la revolución, un obrero del Instituto Soviético de Investigación Marxista indica a un superior que las estadísticas no se ajustan a la teoría. El jefe del departamento comunista responde inmediatamente: «Pues cambia los números para que se ajustan a la teoría». Ahora podemos interpretar el chiste realista. Si la ideología de la izquierda se moldea y estructura como un sueño, entonces el papel del ideólogo es sostener este letargo, que existe para garantizar que nadie despierte. Manipular los datos es, a todas luces, el modo de proceder más seguro.

Según Sharaf, Reich nunca mencionó su primer artículo en sus escritos posteriores, ni volvió a hablar de él. Si bien Reich incluyó el artículo en su bibliografía, «su actitud hacia esta publicación era claramente diferente de su actitud hacia otros de sus primeros escritos, los cuales citaba o mencionaba frecuentemente»[13]. Algo nada sorprendente, puesto que lo más seguro es que Reich sintiera remordimientos por su inaceptable mala praxis académica.

Retomando el texto académico seguramente fraudulento, Reich declara que presenta el caso porque «ilustra de forma inusualmente clara el avance de los deseos incestuosos en la conciencia durante la puber-

---

13. *Ibid.*, p. 41.

tad». En el artículo, Reich describe a su paciente como a un hombre de veinte años, un estudiante de una escuela técnica que ha buscado análisis porque padecía estados de depresión y una tendencia a rumiar, con lo que hacía una montaña de un grano de arena. Reich, el supuesto analista, escribe que el paciente interrumpió el tratamiento después de cuatro semanas; en el punto preciso en que el paciente tuvo que verbalizar sucesos dolorosos acontecidos en su pubertad.

Reich urgía al paciente a enviar al analista una carta en la que describiera por escrito aquello que era incapaz de decir en persona. El paciente así lo hizo, y le proporcionó un relato por escrito del incidente. En la carta, Reich describía supuestamente su propio suplicio.

> Esta situación duró en torno a tres meses. Sus encuentros (del tutor y la madre) siempre transcurrían después del almuerzo y se limitaban a unos minutos. No pensé en la posibilidad de una relación sexual. Pero un día no me cupo la menor duda. Padre había salido de casa a las seis. Madre había vuelto otra vez a la habitación de N (el nombre del tutor) y permaneció allí mucho rato. Yo aguardé todo el tiempo fuera de la habitación, luchando con la decisión de si inmiscuirme o contárselo a padre. Algo vago me retuvo. Cuando madre salió de la habitación, con las mejillas sonrojadas y una mirada errática e inestable, entonces supe que había ocurrido…[14].

Pronto se revela Edipo. Reich describe los vívidos ecos del sonido del coito entre su madre y su tutor. Recordó su deseo «de precipitarse en la habitación», pero la idea de que los amantes pudieran matarlo lo contuvo.

---

14. *Ibid.*, p. 42.

«He leído en algún sitio que los amantes se deshacen de cualquier intruso», escribió Reich en su relato de paciente fabricado. Pero entonces nuestro libertador descubrió que el que su madre celebrara su sexualidad lo excitaba hasta el punto de querer chantajearla para que se acostara con él.

> Y así fue, noche tras noche; pero siempre retrocedía y esperaba hasta la mañana. ¡Poco a poco me acostumbré! El horror desapareció, y los sentimientos eróticos ganaron la mano. Y entonces se me vino la idea de precipitarme en la habitación y tener relaciones sexuales con mi madre bajo la amenaza de que si se negaba, le iría con el cuento a mi padre.

Después de esta descripción, Reich resume bruscamente el informe del llamado paciente: «Al parecer el padre lo descubrió, y la madre se suicidó con veneno».

Nunca sabremos con seguridad si Reich consideró la posibilidad de acostarse con su madre o de forzarla a dormir con él. Nunca sabremos si la madre de Reich tuvo relaciones sexuales con el tutor o con su hijo. Nunca sabremos si Reich informó de la aventura a su padre y si fue esto lo que provocó el suicidio de la madre. Sin embargo, si Sharaf está en lo cierto, entonces Reich inventó el relato de un paciente en una revista científica que dio fuerza probatoria a la teoría de Edipo de su maestro. Asombrosamente, al profesor de la Universidad de Harvard Myron Sharaf le trae sin cuidado esta posible falsificación, una reacción que podría constituir un buen ejemplo de lo alejada que está la academia estadounidense del *ethos* de la verdad ateniense.

Al parecer, inventar informes de pacientes era una práctica común dentro de los círculos freudianos. Algunos sospechan incluso de la validez de los informes

de los pacientes de Freud, todos ellos conducentes a la
sospecha de que Freud inventaba sueños que interpretar
para respaldar sus teorías. ¿Podría ser que escribir y reescribir tu propio relato es, hasta cierta medida, una práctica moderna en la persuasión a mano escondida? De
hecho, la lectura que el historiador israelí Shlomo Sand
hace de la historia judía contemporánea sugiere que, a
finales del siglo XIX, los judíos incluso «se inventaron»
a sí mismos como nación, una fantasía relativamente
benigna en comparación con la invención del complejo
de Edipo que atribuye universalmente a las criaturas
humanas un deseo libidinoso hacia sus progenitores.

Si bien es cierto que en el mundo ateniense o
germánico la verdad se define por correspondencia con
la realidad (ocasionalmente con lo que se concibe como
realidad), en el ámbito intelectual jerosolimitano en el
que Freud y Reich residían, la verdad es un concepto
elástico, que cambia y se metamorfosea para secundar
los antojos y necesidades propios.

Pero esta historia tiene un significado más profundo.

En 1950, un colectivo de destacados investigadores
de la Escuela de Fráncfort con Theodor Adorno a la cabeza aunó fuerzas y publicó *La personalidad autoritaria*.
Este libro define los criterios autoritarios que contribuyeron a la emergencia de los rasgos fascistas; a saber, el
convencionalismo, la sumisión autoritaria, la hostilidad
autoritaria, el antiintelectualismo, la superstición y la
estereotipia, el poder y la tenacidad, la proyectividad y
las desmedidas inquietudes en torno al sexo.

Irónicamente, todas estas características autoritarias son evidentes en el fraudulento enfoque de Reich.
Al inventar el informe de un paciente para respaldar la
teoría edípica de su maestro, Reich se muestra como
un autoritario extremo. Reúne todos los criterios: está

obsesionado con el sexo, muestra agresividad, desdeña la integridad intelectual, etcétera.

Pero si bien Reich fue un caso extremo de personalidad autoritaria en 1920, no debería sorprendernos que más o menos una década después acusara a las clases trabajadoras alemanas, italianas y españolas de ser autoritarias. De conformidad con la terminología y el método de su maestro Freud, Reich estaba proyectando sus propios síntomas patológicos y autoritarios en sus vecinos y otras naciones europeas.

Ciencia, religión o conspiración

El colosal fracaso de Marx y del materialismo dialéctico no impidió que Wilhelm Reich intentara hacer más atractivo el marxismo en su empeño por conservar su relevancia. Reich tenía derecho a estar equivocado; creyó ingenuamente que la revolución comienza con un buen orgasmo explosivo. Sin embargo, después de sesenta años de intensa «revolución sexual», achacar el auge del conservadurismo a la represión sexual implica un estado único de delirio, deshonestidad intelectual o ambos.

Si los izquierdistas son definidos con sarcasmo como «la gente de clase media que afirma saber lo que es bueno para la clase trabajadora», de los progresistas y liberales debería decirse que son «la clase media que se alarma porque hay trabajadores que piensan por sí mismos». Así lo corroboraba en un artículo el psicoanalista estadounidense progresista Stuart Jeanne Bramhall.

> Como progresista veterano —escribe Bramhall—, me alarma mucho ver cómo estadounidenses con

bajos ingresos se unen en manada al Tea Party y al movimiento Patriots y a los candidatos ultraconservadores que apoyan[15].

A Bramhall l «asombró descubrir» que Reich también luchaba con esta cuestión.

> Según Reich —escribe Bramhall—, el fuerte atractivo de la política reaccionaria, y del abierto fascismo, se basa en 6000 años de historia de rígida organización social patriarcal, autoritaria y jerárquica, particularmente en su efecto sobre las prácticas de crianza[16].

Por lo visto, la cosa va de cambiar, el punto G va a liberarnos a todos, y Bramhall nos lo enuncia de maravilla:

> Lo que más le preocupa (a Reich) son las instituciones políticas, religiosas y económicas específicas que niegan a las mujeres y a los adolescentes, en particular, la expresión plena de su sexualidad[17].

Pocas mujeres son más liberadas que las mujeres en Estados Unidos. Durante las tres últimas décadas, tanto las feministas como el movimiento LGTBQ han sido libres de promover su mensaje. De hecho, son la familia tradicional, la Iglesia y las ideologías conservadoras las que están a la defensiva en el entorno cultural estadounidense contemporáneo. Y, sin embargo, las clases trabajadoras en la tierra de la libertad se están haciendo cada vez más nacionalistas y patriotas. A pesar de que Bramhall sancionara las teorías de Reich, el Tea Party

---

15 http://www.counterpunch.org/2010/08/06/wilhelm-reich-and-the-tea-party/.

16. *Ibid.*

17. *Ibid.*

llegó a ser un movimiento popular de base[18]. En este sentido, la liberación de las mujeres tampoco impidió que el «reaccionario» Trump ganara las elecciones presidenciales en 2016. De hecho, fueron las mujeres blancas quienes prefirieron por abrumadora mayoría a Trump, a pesar de su reputación de misógino, y no a la candidata demócrata Hillary Clinton, que es una mujer.

Cabe preguntarse cómo es que una serie de seudoideologías disparatadas y conspirativas, ajenas al pensamiento metódico científico, que no se asemejan a ninguna forma de reflexión intelectual, han llegado a ser cultos influyentes e incluso religiones populares. ¿Qué tenían las divagaciones de Reich sobre la represión sexual para convertirlo en el profeta de la llamada revolución sexual? ¿Y cómo, cabría preguntarse asimismo, pudo el filósofo de la Escuela de Fráncfort Herbert Marcuse y su «infantil» *Eros y Civilización* (como la etiqueta Erich Fromm) llegar a ser el líder espiritual de la revolución estudiantil de 1968?

Marcuse se centró en resolver el conflicto freudiano entre el «principio de realidad» (orientado al trabajo y sin ocio) y el «principio de placer» (Eros). Según él, el conflicto era entre el trabajo alienado y el Eros. El sexo, insistía, está permitido a los poderosos, principalmente capitalistas, y solo a los trabajadores cuando no altera su rendimiento. Marcuse sostenía que, en un mundo capitalista adecuado, saldríamos adelante sin el rendimiento de los «pobres» y sin la fuerte supresión de nuestras pulsiones sexuales. En su universo, el «trabajo libidinoso no alienado» sustituirá al «trabajo alienado».

---

18. Con independencia de los fondos que el Tea Party está recibiendo de distintos oligarcas como los hermanos Koch.

Marcuse logró liberar a algunos europeos; un puñado de sus discípulas de 1968, ahora abuelas, siguen exhibiendo sus pechos en la Riviera francesa. (No voy a quejarme de eso). Su entusiasta apoyo al sexo no genital como la máxima forma de encarnación del principio de placer[19] ha cuajado en un movimiento LGBTQ mundial muy poderoso. Sin embargo, ninguno de sus «logros» ha avanzado un ápice del «sueño socialista». Al contrario, estas teorías han fracturado y alienado a los trabajadores y limitado su capacidad de resistir al *mammonismo* (la abundancia, el dinero) y la hostilidad corporativa.

La pregunta necesita una respuesta: ¿cómo pudo esta retahíla de ideas infundadas y torpemente articuladas convertirse en el *ethos* de una generación y en el mantra de una revolución cultural?

Para abordar esta pregunta, examinemos primero la figura paterna de esta escuela de pensamiento, el doctor Freud en persona. Si bien los supuestos de Freud sobre la naturaleza humana y la inconsciencia nos dicen poco sobre la naturaleza humana o el inconsciente, sí que ayudan a iluminar las obsesiones personales de Freud.

Como el profesor Kevin B. MacDonald sugirió en su inestimable libro *The Culture of Critique: An Evolutionary Analysis of Jewish Involvement in Twentieth-Century Intellectual and Political Movements* (1998), el intento teórico de reducir el amor, la intimidad y la compasión

---

19. Marcuse veía el narcisismo y la homosexualidad como «ejemplos de sexualidades revolucionarias que resistieron a la restricción de Eros a la sexualidad procreativa». Defendió la «perversidad polimorfa», una sexualidad que no se centraba exclusivamente en ningún objeto o actividad específicos. http://newpol.org/content/left-wing-homosexuality-emancipation-sexual-liberation-and-identity-politics.

a meras «pulsiones» (sexuales) sugiere que Freud y su culto de ávidos discípulos tenían serias deficiencias en el aspecto humano. La idea de que el amor entre la madre y el hijo implica un «complejo de Edipo», una intención homicida por parte del niño, no solo es inquietante, sino que tampoco ha sido probado jamás científicamente. Freud también estaba equivocado sobre el género. Su noción de la «envidia del pene» provoca la risa general. Hasta la fecha no existe evidencia científica del ello [20], el yo o el superyo. Además, no existen pruebas que demuestren la idea de que el desarrollo humano pasa por las fases oral, anal, fálica y genital.

Entonces, ¿por qué se tragó todo Occidente esta retorcida serie de especulaciones seudocientíficas e inverificables? Podríamos preguntar lo mismo sobre Marx y su tosca y errónea interpretación de la dialéctica hegeliana, puesto que el marxismo nunca ha funcionado como modelo teórico, y menos aún en la práctica.

Pero Marx y Freud han ejercido un fuerte atractivo durante décadas. Debe de haber algo que explique esta afinidad masiva. Puede que la teología nos ayude a aclararlo.

Las religiones abrahámicas se fundamentan en una serie de premisas contrafácticas (es decir, basadas en hipótesis). Los principios que sostienen la validez de estas religiones contradicen nuestro conocimiento empírico. Dios, por ejemplo, es eso que no puede percibirse, captarse o realizarse plenamente. Dios es la esfera de lo inalcanzable. Las teorías políticas y sociales progresistas y revolucionarias siempre contienen elementos de lo

---

20. La evidencia científica en este contexto alude tanto a la falta de correspondencia con hechos como a las deficiencias de consistencia y coherencia en el propio corpus teórico.

contrafáctico, un estatus divino, una naturaleza predeterminada que excede lo alcanzable. Después de todo,
rezamos por la revolución, nos sumamos a las vigilias
cada lunes, pero la revolución nunca llega. Porque la
revolución es como el mesías, un concepto metafísico.

Cuando uno no puede ver a Dios ni comprobar
su existencia por medios empíricos, tiene dos opciones:

1. Renunciar a Dios (o a la religión) por completo.

2. Convertirse en un verdadero creyente, pues
cuanto más inalcanzable es Dios más fuerte es la fe de
uno.

La segunda observación tiene algunas implicaciones
culturales importantes. Cuanto mayor sea la miseria,
mayor será la misericordia de Dios. Cuando mayor sea
la privación, mayor será el poder de la Iglesia. Estos
preceptos generalmente aceptados explican la popularidad de las religiones abrahámicas entre los pobres y
los enfermos, pero también explica la animosidad que
marxistas e izquierda sienten hacia la religión. Como la
izquierda tradicional se estructura como una religión
abrahámica, la izquierda parece sentirse obligada a competir con la Iglesia en su búsqueda de creyentes.

El relato bíblico de Job enseña que cuanto menos
entrega Dios, mayor debe ser la fe. Si Dios pone a prueba
tu fe, debes doblegarte a su voluntad. Desde una perspectiva epistemológica, la fe trasciende el conocimiento, la razón y la facticidad. La fe es un estado mental, en
contraste con las teorías científicas que se corresponden
con observaciones y están sujetas, al menos en teoría,
a la refutación de los hechos. Los teóricos sociales revolucionarios (Marx, Freud, Marcuse, Reich, Adorno,
etc.), lo mismo que la religión, encuentran validación
en la refutación. Cuanto menor es la capacidad del
pensamiento de Marx de predecir los hechos, mayor es

el fervor de los discípulos marxistas; cuanto menor es la correspondencia del modelo analítico de Freud con la realidad, mayor es la agresividad de los freudianos.

Las teorías sociales revolucionarias que discutimos aquí se estructuran como las religiones abrahámicas, pero también se sostienen gracias a un sistema de complementos *ad hoc*. En filosofía de la ciencia, «una teoría *ad hoc*» significa una solución asignada para resolver una irregularidad específica que no se ajusta a un paradigma o contradice una predicción teórica científica.

El marxismo es una teoría en evolución compuesta de teorías *ad hoc* que intentan explicar la incapacidad del marxismo de explicar hechos, y su completo fracaso a la hora de hacer predicciones[21]. Las consecuencias han sido desastrosas. Cuanto más evoluciona el marxismo, más se aleja de la realidad social. El freudismo entra en la misma categoría. Al igual que el marxismo, es un corpus de teorías *ad hoc* en constante expansión, cada vez más distanciadas de la naturaleza humana.

La forma última de distanciamiento teórico la observamos en los marxistas culturales (Wilhelm Reich, la Escuela de Fráncfort, etc.), en su intento desesperado por fusionar a Marx y a Freud en una escuela actualizada de estudios emancipadores de lo más fantasiosa. Con ello, solo consiguieron alejarse más de su buscada congregación y terminaron encerrados en un gueto segregado de oscuras teorías críticas.

A pesar de ser vago e inaccesible, el marxismo cultural es lo más cerca que la izquierda ha estado jamás de alcanzar una verdadera recepción popular en Occiden-

---

21. Esto se dice en clara referencia al «determinismo dialéctico» y la evolución social: la creencia de que una existencia social superior está «determinada» en términos evolutivos por unas condiciones sociales inferiores. Huelga decir que Marx nunca habló de determinismo dialéctico.

te. Resulta fácil de explicar: mientras que el marxismo se asienta en una serie de principios relativamente simples, el marxismo cultural, en cambio, no es un principio ni se basa en fuertes principios. Es un método muy manipulador cuyo fin es disminuir o incluso desbaratar la denominada cultura burguesa hegemónica[22] en favor de una emancipación imaginaria.

No debería asombrarnos que fuera el prominente filósofo científico Karl Popper[23] quien se plantó firmemente contra las reivindicaciones científicas del marxismo, el psicoanálisis y la izquierda freudiana.

Para Karl Popper la falsabilidad fue la demarcación crucial entre la ciencia y la «seudociencia». Para poder ser científicos, las declaraciones o los sistemas deben ser capaces de contradecir posibles, o concebibles, observaciones. Una teoría puede ser científica, al decir del propio Popper, si y solo si es posible refutarla con hechos. Lo científico está sujeto a examen y tiene el potencial de ser rebatido empíricamente (mediante la observación). Pero esto nunca puede pasar con Marx, Freud, Reich y los marxistas culturales. Las teorías del marxismo cultural siempre mutan para ajustarse a los hechos mediante teorías *ad hoc*. Cuando no hay hechos disponibles, se

---

22. Gramsci esgrimió que la hegemonía burguesa se reproducía en la vida cultural a través de los medios de comunicación, el mundo académico y las instituciones religiosas para «fabricar consentimiento» y legitimidad. La lucha proletaria por controlar los medios de producción, según Gramsci, solo podría triunfar después de que la cultura alternativa sustituyera la hegemonía cultural burguesa. Para Gramsci se trataba de una lucha «contrahegemónica»; presentar alternativas a las ideas dominantes de lo que es normal y legítimo.

23. Supongo que debería mencionar que Karl Popper fue el mentor académico de George Soros, que incluso llamó a su Open Society Institute en alusión al libro de Popper, *The Open Society and its Enemies* (*La sociedad abierta y sus enemigos*).

inventan sin más, como ilustra el informe del paciente inventado de Reich.

Cuando los trabajadores desafían las predicciones de Marx, se pide auxilio a Freud (Reich, los neofreudianos y la Escuela de Fráncfort). Cuando los psicoanalistas no pueden aliviar el dolor psíquico, el principio de placer se convierte en el libertador social y el orgasmo vence a la alienación. Cuando todas estas teorías se hacen añicos, la psicóloga austriaca Melanie Klein presenta el pecho bueno frente al pecho malo.

Las consecuencias de estos modos de pensar han sido devastadoras para la sociedad, abundando en la tiranía de la corrección, en la que la política identitaria evoluciona en luchas sectarias y demás. El precepto revolucionario se estructura como una teoría de la conspiración. En oposición a una Atenas obsesionada con la verdad, la razón y el logos, el marxismo cultural de Jerusalén se sostiene gracias a un desdén institucional de la verdad y la eliminación de cualquier método que pueda redundar en un acercamiento a la verdad. El éxito de una particular teoría de la conspiración no se define por una clara correspondencia entre la teoría y los hechos, sino por nuestra buena disposición en aceptarla.

El carácter conspirativo del marxismo, el freudismo, el marxismo cultural y la nueva izquierda es lo que explica no solo la popularidad de estas ideas entre quienes propenden a la conspiración, sino también por qué tantos progresistas muestran una agresividad tan intensa hacia otras mentes conspiradoras. Y como nos enseñó el filósofo austriaco Otto Weininger: «Detestamos en los demás únicamente eso que nosotros no deseamos ser, y eso de lo que, no obstante, nosotros también formamos parte». La animosidad de los progresistas hacia lo conspirativo es en esencia una forma de proyección radical.

Los Bunker y los Cabezas huecas

Los estadounidenses que nacieron en los años sesenta y con anterioridad recordarán fácilmente que, en lo que atañe a la libertad de pensamiento, hubo un tiempo en que Estados Unidos se creía una tierra libre, y sabe que ya no lo es. Pero la mayoría de los estadounidenses luchan por señalar cuándo y cómo pasó esto. ¿Cuándo se convirtió la corrección política en una cultura dominante? ¿Cómo se convirtió la política identitaria en un código universal?

Archie Bunker es uno de los personajes televisivos más queridos de Estados Unidos[24]. Archie fue la estrella ficticia del *sitcom* televisivo de los años 1970 *Todo en familia*. Esta sátira icónica, la copia estadounidense de la exitosa comedia británica *Till Death Do Us Part*, contaba la historia de la clásica familia blanca, patriarcal y de clase trabajadora que vive en el barrio de Queens de Nueva York. El patriarca era un obrero de mediana edad, veterano de la Segunda Guerra Mundial, estrecho de miras, conservador y buen cristiano, apreciado habitante del «cesto de deplorables» de Hillary Clinton. Era un hombre simple sin pelos en la lengua; un temprano prototipo de Donald Trump.

La rutina de *Todo en familia* consistía en una pelea continua entre Archie, el «querido intolerante» y Mike, su yerno liberal y estudiante universitario, al cual Archie se refiere como a un «polaco tontaina» y «cabeza hueca» por estar «muerto del cuello para arriba».

La pregunta crucial que los estadounidenses quizá quieran hacerse es qué ha pasado para que, a pesar de

---

24. *TV Guide* dio a Archie Bunker el puesto número 5 en su lista de 50 mejores personajes televisivos de todos los tiempos. En 2005, Archie Bunker figuraba como número 1 en la lista de los 100 mejores personajes televisivos de la cadena Bravo.

que Archie ha sido uno de los personajes más queridos de su televisión, Estados Unidos se haya convertido en un país de cabezas huecas, reprimidas por la tiranía de la corrección política y las sensibilidades identitarias.

Archie y «Cabeza hueca» no están de acuerdo en nada, pero la naturaleza de su disputa, y la manera con que se nos ofrece, pueden abrirnos una ventana a las estrategias liberales culturales que se han implantado en Norteamérica y Occidente desde los años sesenta.

Todo en familia consiguió meter el programa liberal en todos los salones de Estados Unidos. La táctica era sencilla pero increíblemente poderosa. Cada semana mostraba la tensión entre la intolerancia «irracional» de Archie y el liberalismo sensato de su yerno. Semana tras semana, nuestro más «querido intolerante» era reducido a una «caricatura reaccionaria», mientras que el «cabeza hueca» era la voz de la transición liberal. La verdad es que el personaje del yerno era un tanto patético, un protagonista antihéroe. Pero, por todo tipo de razones, aceptamos que tuviera una visión, liderando el camino «por delante» hacia una nueva forma de decencia de clase media. Dicen que en Estados Unidos a la clase trabajadora le gusta subir peldaños, y Cabeza hueca les proporcionó un posible camino.

El humor era el pegamento mágico que lo unía todo. Por citar al organizador comunitario progresista de Chicago Saul Alinsky, «el humor es esencial porque gracias al humor aceptamos muchas cosas que habríamos rechazado si nos las hubieran presentado con seriedad». En la década de 1970, Norman Lear, el brillante productor que dio vida a Archie Bunker, no podía atacar sin más a la América blanca y protestante o ridiculizar lo que sus ciudadanos pensaban que eran sus valores sociales. La sátira fue su arma.

Lear era un hombre con un programa político muy claro. Como muchos judíos progresistas a la sazón, fue una voz crítica de las ideas de la derecha religiosa y un firme partidario del pensamiento laico y del laicismo en general. En 1981, fundó People for the American Way (PFAW). Esta organización de sensibilización progresista se oponía a que la religión se inmiscuyera en los asuntos políticos. Sin embargo, si bien es cierto que los logros de PFAW fueron limitados, la Cabeza hueca de Lear revolucionó realmente Estados Unidos, transformando el país en una tiranía de la corrección política dominada por la política identitaria y de grupos. Mientras que el FBI y la CIA buscaban con desesperación infiltrar a agentes en lo que creían que eran células políticas subversivas, Norman Lear seguía adelante con su particular agenda política, encabezando una revolución cultural que estaba teniendo lugar bajo sus radares, y lo hizo todo con una máquina de escribir.

Cabría preguntarse si Norman Lear fue un conspirador marxista cultural, o si fue estudiante de Gramsci o Marcuse. Ni lo sé ni me importa. La lección más importante que podemos sacar de todo esto es que la manipulación cultural es un proyecto sofisticado que, sin darte cuenta, se te mete bajo la piel. Está diseñada para transformar tu lengua y tus valores, y todo ello mientras estás tomando cerveza o comiendo palomitas tranquilamente en el sofá de tu casa, desternillándote de risa frente a la pantalla del televisor.

Pero esta historia da un giro interesante. En los años setenta, Archie Bunker, que era un saco de deficiencias, no pudo captar la transformación de la realidad que lo rodeaba. No veía negros, hispanos, feministas ni lesbianas. Se sentía seguro en su pequeña América de Queens. Pero en la actualidad sucede que el saco de deficiencias son los

Cabezas huecas, los progresistas y los liberales. Son ellos los que no han sido capaces de ver que la realidad se transforma. No escucharon el grito de millones de estadounidenses y no pudieron prever la derrota de su política basada en la identidad. No vieron venir el Brexit, no pudieron ver la victoria de Trump. Estaban y están desconectados.

Capitalismo cultural

Al mismo tiempo que Wilhelm Reich y los miembros de la Escuela de Fráncfort intentaban averiguar cómo utilizar a Freud y a Marx al servicio del cambio social anticapitalista y emancipador, el sobrino de Freud, Edward Bernays, se dedicaba a enseñar a capitalistas y corporaciones americanas cómo lavarle el cerebro a las masas y reducirlas a obedientes consumidores.

Bernays fue una de las personas más poderosas e influyentes de Norteamérica en el siglo xx. Es el hombre que inventó el *spin* mediático —o manipulación mediática— y la falsa necesidad y, sin embargo, la mayoría de los estadounidenses nunca han oído hablar de él. No saben nada del hombre que determinó su sociedad y doblegó sus deseos.

Nacido en 1891 en Viena de padres judíos, su madre era Anna, la hermana de Sigmund Freud, y su padre era Ely Bernays, hermano de la esposa de Freud, Martha Bernays.

Durante la Primera Guerra Mundial y poco después, Edward trabajó para el Gobierno de Woodrow Wilson en el Comité de Información Pública. Bernays quedó impresionado por el éxito de la máquina de propaganda bélica estadounidense y decidió aplicar las mismas tácticas para apoyar a la gran empresa.

En los años 1920 Bernays llegó a la conclusión de que el abanico de productos e ideas de creación industrial, junto con las nuevas libertades democráticas, podían inducir a confusión. Su solución fue la propaganda.

«Para evitar semejante confusión, la sociedad consiente que sus elecciones se limiten a ideas y objetos que toda suerte de propaganda pone antes sus ojos»[25]. La propaganda, según Bernays, existe para regular la competencia del libre mercado, para «ayudar» a la gente a escoger sus productos y servicios más calculadamente por voluntad propia. Es, afirmaba, el «brazo ejecutivo del gobierno invisible».

Para Bernays el gobierno invisible es quien «dicta nuestros pensamientos, dirige nuestros sentimientos y controla nuestras acciones». Este organismo corporativo no ha sido elegido democráticamente, como es evidente, y no es más que otro nombre para designar a élites y oligarcas:

> Las minorías inteligentes que necesitan servirse continuamente y sistemáticamente de la propaganda ... Solo a través de la energía de la minoría inteligente puede la ciudadanía en general tomar conciencia de nuevas ideas y actuar sobre ellas[26].

La propaganda es el medio que restringe la democracia y la transforma en una empresa funcional. Así las cosas, en la época posBernays, cuando la gente cree que es libre, en la práctica está sujeta a un limitado número de opciones predeterminadas que el «gobierno invisible» decide. En el universo de Bernays la libertad es una ilusión.

---

25. *Propaganda: Public Mind in the Making*, p. 11.
26. *Ibid.*, p. 31.

Los marxistas culturales y los ideólogos de la propaganda parecían empujar en direcciones completamente opuestas —los marxistas culturales promoviendo la emancipación antiautoritaria, y Bernays trabajando por esclavizar a las masas bajo el yugo del capitalismo y las fuerzas del mercado—, pero ambos suscribían una noción similar de elitismo y manipulación de masas. Ambos interfirieron en la identidad y explotaron la identificación. Ambos veían a la gente a su alrededor como conejillos de Indias en un experimento social en curso.

Los marxistas culturales creían que la manipulación cultural produciría un cambio social. Bernays señala un proceso idéntico en el corazón de la sociedad capitalista industrial y pregunta: «Si comprendemos los mecanismos y motivos del cerebro colectivo, ¿no es posible controlar y disciplinar a las masas a voluntad sin que ellas lo sepan?»[27]. Su respuesta parece afirmativa: «La práctica reciente de la propaganda ha demostrado que es posible, al menos hasta cierto punto y dentro de ciertos límites»[28].

Es más,

> los deseos humanos son el vapor que pone en funcionamiento la máquina social. Solo si los comprende, puede el propagandista controlar el vasto y flexible mecanismo que es la sociedad moderna[29].

Esta línea de pensamiento también fue atribuida al banquero de Wall Street Paul Mazur, de Lehman Brothers, quien, en 1927, clamó: «Debemos hacer que América

---

27. *Ibid.*, p. 47.
28. *Ibidem.*
29. *Ibid.*, p. 52.

pase de ser una cultura de *necesidades* a una cultura de *deseos*». Y también escribió:

> La gente debe entrenarse para el deseo, para querer cosas nuevas antes de que las viejas se hayan consumido del todo. Debemos configurar una nueva mentalidad en América. Los deseos del hombre deben eclipsar sus necesidades[30].

La transición de la necesidad al deseo fue exactamente lo que hizo que la economía estadounidense creciera exponencialmente. Los estadounidenses aprendieron a comprar coches nuevos antes de que los viejos murieran. Aprendieron a identificarse con productos y también a que los identificaran por los productos que poseían.

En su inestimable documental para la BBC *El siglo del yo* (2002), el director Adam Curtis se centra en el trabajo de Bernays en el contexto de la influencia de la noción del inconsciente de Freud. En el primer capítulo, Curtis asegura que Bernays tomó prestado el concepto de la irracionalidad y el inconsciente de su tío Sigmund. Esta aproximación al trabajo de Bernays es común, pero no estoy seguro de que este sea el caso. La tesis de Bernays tal como fue presentada en su libro de 1928 *Propaganda* no se basa en la investigación psicoanalítica y no guarda relación con el paradigma freudiano. Las estrategias manipulativas que figuran en el libro sugieren que los comportamientos de las masas podrían racionalizarse y manipularse realmente. Bernays diagnosticó claramente algunos puntos débiles en la naturaleza humana y supo cómo traducirlos en capital. No estaba abordando el inconsciente o la

---

30. *The Century of the Self*, documental de Adam Curtis para la BBC.

irracionalidad de las personas, sino el deseo; el deseo consciente del devenir, la vívida conciencia del yo que quiere trascender a otra cosa diferente, a ser rico, a ser atractivo, a ser *especial* o, en términos lacanianos, ser el deseo del otro[31].

Por eso no pienso que Bernays fuese un seguidor de Freud. Bernays era un capitalista cultural. Dominar los deseos ajenos era su receta para hacer dinero. Fue un capitalista no ético con un talento único cuyas ideas eran tan simples y consistentes como devastadoras, un maestro en crear falsas necesidades y romper tabúes.

Una de sus campañas más célebres fue la de las mujeres fumadoras en los años 1920, cuando ayudó a la industria del tabaco a superar uno de los mayores tabúes sociales de su tiempo: que las mujeres fumaran en público. En aquella época, a las mujeres solo se les permitía fumar, cuando se les permitía, en zonas específicas. Bernays escenificó la procesión del domingo de Pascua de 1929 en la ciudad de Nueva York, enseñando modelos con cigarrillos encendidos de Lucky Strike, o «Antorchas de Libertad» como los llamaba él. Por obra de Bernays, lo que parecía una encomiable campaña por la igualdad de género se tradujo en millones de nuevas consumidoras para la industria del tabaco. Es razonable decir que Bernays, el capitalista cultural, al comprender que la identidad y la identificación pueden instrumentalizarse con fines políticos y económicos, iba muy por delante de los marxistas culturales.

---

31. Para Jacques Lacan, «el deseo es el deseo del Otro». Lacan mantuvo durante toda su carrera que el deseo es el deseo de ser deseable; es decir, ser un objeto de deseo a ojos de los demás. Esta observación explica el comportamiento humano. Explica por qué las mujeres se pasan horas delante del espejo y por qué a los chicos les gusta los coches nuevos y grandes.

Edward Bernays convenció a la industria de que las noticias, y no la publicidad, eran el mejor medio de transmitir su mensaje a un público confiado. A fin de cuentas, las noticias son gratuitas, se difunden a los cuatro vientos y, lo que es más importante, la gente se las cree. Así, «Antorchas de Libertad» se presentó como noticia —lo que ciertamente no era—, pero el impacto en el mercado en cuestión fue inmediato.

¿Fue Bernays un personaje conspirador harto tramposo? La verdad es que no. Como muchos otros en este libro, lo hizo todo a la luz. De hecho, proclamó abiertamente sus visiones excepcionalistas en su libro de 1928. ¿Existe un *continuum* filosófico entre Bernays, Wilhelm Reich, Adorno, Marcuse y Norman Lear? La respuesta es sí. Estamos ante paradigmas de manipulación cultural elitistas cuyo fin es cambiar a las personas y a la sociedad. Los transformadores culturales, Bernays, Reich, Marcuse y Lear no fueron políticos elegidos en las urnas, no fueron figuras públicas; fueron intelectuales que creyeron que lo único que necesitabas para cambiar el mundo era una máquina de escribir.

Por la claridad y la fuerza de sus ideas, Bernays consiguió propulsar la economía estadounidense y esclavizar a las masas. En la lista de sus clientes figuraban el presidente Calvin Coolidge, Procter & Gamble, CBS, la United Fruit Company, la American Tobacco Company, General Electric, Dodge Motors y la CIA, entre otros. Pero una vez más, se produce un giro. Cuando los trabajadores de oficina y de fábrica estadounidenses votaron a Donald Trump y su lema «Devolvamos a América su grandeza», lo que estaban añorando era el universo de Bernays. En el mundo ultracapitalista creado por la propaganda, existía un orden autoritario y elitista dictado por un «gobierno invisible». La libertad era una mera ilusión, pero el trabajo y la fabricación eran reales. En el universo de Bernays, la gente se levantaba por la mañana para ir al trabajo únicamente para amasar el dinero suficiente con el que poder comprar cosas que no necesitaban.

Supongo que los estadounidenses siguen queriendo comprar cosas que no necesitan. Lo único es que no tienen el dinero en efectivo para poder hacerlo.

Manipulando los sondeos

A solo tres días de las elecciones presidenciales estadounidenses, el *Huffington Post* criticaba a Nate Silver, el conocido estadístico de *538,* la web especializada en análisis de opinión política, por «manipular los sondeos en favor de Trump», por insinuar que la victoria de Trump era una posibilidad realista. Ryan Grim escribió:

> El estadístico del *HuffPost* le da a Clinton el 98 por ciento de posibilidades de ganar, y el modelo del *New York Times* en su sección «The Upshot» sitúa sus probabilidades en un 85 por ciento. Pero hay un caso atípico, no obstante, que está provocando oleadas de pánico entre los demócratas de todo el país e infundiendo esperanza a los partidarios de Trump de que su hombre salga bien parado después de todo. El modelo *538* de Nate Silver le da a Trump un vertiginoso 35 por ciento de probabilidades de salir victorioso este fin de semana [32].

---

32. http://www.huffingtonpost.com/entry/nate-silver-election-forecast_us_581e1c33e4b0d9ce6fbc6f7f.

El *Huffington Post* llegó al extremo de acusar a Silver de «ridiculizar la industria del pronóstico que él mismo ha popularizado».

Visto con perspectiva, Nate Silver y su *538* dieron en el clavo, obviamente. Donald Trump ganó las elecciones. El *Huffington Post* y el *New York Times* patinaron por completo. ¿Fue coincidencia?

¿Cómo es posible que el Partido Demócrata y los medios de comunicación generalistas no consiguieran percibir ni de lejos el nivel de cabreo que une a las masas populares estadounidenses y a los trabajadores cualificados en particular? Estas cuestiones no se circunscriben a una encuesta estratégica o a la ciencia de la estadística. Nos enfrentamos a un estado de distanciamiento que roza la dejadez institucional.

La siguiente historia puede arrojar luz sobre este peculiar fenómeno político intrínseco a las políticas progresistas y liberales. El 9 de noviembre, la mañana que siguió a la humillante derrota de Hillary Clinton, el *Washington Post* reveló que Hillary y su campaña habían dependido en gran parte de un algoritmo llamado Ada. Ada fue el arma secreta de Clinton. «Es un complejo algoritmo informático que la campaña estaba preparada para revelar públicamente tras las elecciones como la mano invisible que la había guiado»[33]. Bautizada con el nombre de una matemática del siglo XIX —Ada, condesa de Lovelace—,

> el algoritmo, al parecer, tuvo un papel en prácticamente cada decisión estratégica que los asistentes de Clinton tomaron, incluido dónde y cuándo desplegar a la candidata y su batallón de vicarios, dónde

---

33. https://www.wahisngtonpost.com/amphtml/news/post-politics/wp/2016/11/09/clintons-data-driven-campaign-relied-heavily-on-an-algorithm-named-ada-what-didnt-she-see/?client=safari.

emitir anuncios televisivos y cuándo era seguro permanecer en la sombra».

Ada produjo 400 000 simulaciones al día de cómo podía ser la carrera contra Trump. Proporcionó una «detallada imagen de en qué Estados disputados era más probable que la carrera se inclinase en una u otra dirección».

Lo asombroso de esta historia es que ni Hillary Clinton ni sus gestores de campaña, tan en sintonía con Ada, alcanzaran escuchar el grito del pueblo estadounidense. No vieron la desesperación en Michigan o el hastío en Pensilvania. Supongo que la respuesta es que Ada tuvo que ser un algoritmo «liberal» y tan deficiente como el partido infectado de virus que lo había concebido. El fetichismo por la «ciencia y tecnología» sustituyó la capacidad de ser empático y humano, de interpretar con precisión a la opinión pública estadounidense. Esta es la verdadera historia detrás de la derrota de Clinton y del Partido Demócrata.

Pero a estas alturas deberíamos poder entender este desafecto. Los horizontes liberales y progresistas se construyen como sueños. Conciben el mundo como debería ser. En la práctica, progresistas y liberales no se olvidan de lo que es el mundo sin más, lo que ocurre es que a menudo se esfuerzan por ocultarse la verdad a sí mismos.

Hillary Clinton y su campaña, lo mismo que el *New York Times*, *The Guardian* y el *Huffington Post*, se hallaban en un estado de negación total. Henchidos de un orgullo desmedido, no supieron tomar el pulso del país. En vez de reunirse con los votantes y captar sus necesidades, prefirieron consultar a Ada. Trágicamente, esta derrota es institucional. Está arraigada en el pensamiento progresista y liberal.

Como dato positivo y en el contexto del pensamiento universal y cristiano, los progresistas son personas que apuestan por el cambio social, la mejora y las reformas del orden social, en vez de desear que las cosas sigan siendo como son. Pero los progresistas suelen creer que quienes no piensan como ellos son una panda de «reaccionarios». Es esta diferenciación binaria entre «nosotros» (las «fuerzas del bien») y «ellos» (los «deplorables») lo que convierte a la política progresista en una manifestación de «elegibilidad» laica. Esto explicaría por qué las políticas progresistas y liberales con frecuencia fraguan en una perspectiva arrogante y excepcionalista. Cabría preguntarse si la semejanza entre la excepcionalidad progresista y la elegibilidad judía laica es una mera coincidencia o si el vínculo entre ambas posee cierta profundidad histórica, cultural e ideológica.

Yuri Slezkine y el siglo judío

> Pero los judíos son, sin ninguna duda, la raza más fuerte, más tenaz y más pura que vive ahora en Europa; son diestros en triunfar aun en las peores condiciones (mejor incluso que en condiciones favorables), merced a ciertas virtudes que hoy a la gente le gusta tildar de vicios, gracias sobre todo a una fe decidida, la cual no necesita avergonzarse frente a las «ideas modernas» (Friedrich Nietzsche) [34].

The Jewish Century (El siglo judío) de Yuri Slezkine se publicó en 2006. El libro revolucionó la actitud académica hacia la historia, la cultura y la política judías. La

---

34. Friedrich Nietzsche, *Más allá del bien y del mal*, capítulo 8, traducción de Andrés Sánchez Pascual.

tesis de Slezkine es clara: la edad moderna es una edad judía; el resto de los pueblos son, en grados variables, similares a los judíos. De acuerdo con el profesor de historia estadounidense, los judíos se adaptaron al Nuevo Mundo mejor que muchos otros grupos, o que todos ellos, y son la marca de la ilustración, el principal símbolo y principio de la vida moderna en todas partes.

The Jewish Century fue elogiado tanto por los judíos como por los llamados antisemitas. Los judíos adoraron el libro y a su autor porque fue una confirmación académica de su prominencia cultural, política, intelectual, ideológica y un largo etcétera en el mundo occidental. Pero los llamados antisemitas también adoraron la obra de Slezkine por la misma razón: confirmaba lo que ellos llevaban afirmando tanto tiempo sobre el dominio judío.

La obra de Slezkine fue una contribución inestimable al estudio del siglo XX. También tuvo una influencia considerable en mi trabajo y mi acercamiento a la política identitaria judía. Es un secreto a voces que mis críticos protestan porque «veo un judío en todo y en todos». Esto no es del todo cierto. No me interesan la etnicidad, la biología o la raza, pero sí la ideología, la política identitaria y la cultura. Veo el impacto cultural e ideológico de Jerusalén en casi todos los aspectos de la vida occidental. Pero, a diferencia de la mayoría de los analistas, me permito expresar mis críticas a este respecto.

En adelante voy a indagar en el estudio de la política identitaria judía en el contexto de la condición pospolítica. Trataremos de identificar el *ethos* ideológico que determinó el proyecto cultural marxista y también su oposición. Identificaremos la profundidad de la «elegibilidad» en el pensamiento progresista y liberal. Si, como sugiere Slezkine, los judíos son los abanderados del nuevo mundo, seguramente querremos entender qué tienen la cultura, la ideología y las tácticas de supervivencia judías para haber introducido una evolución social tan poderosa.

El judaísmo y otras religiones judías

Muchos investigadores, en su afán por comprender las políticas judías, las ideologías judías revolucionarias, la cultura y los grupos de presión judíos, el sionismo y las políticas israelíes, atribuyen suma importancia al judaísmo y al Talmud. Algunos progresistas judíos insisten en que un «legado humanista» judío es el motor que impulsa todos los mantras del *Tikkun Olam*. Este enfoque me desconcierta. Si bien es cierto que el judaísmo y el Talmud incluyen ciertos elementos excepcionalistas y racistas, los crímenes cometidos por el Estado judío, por ejemplo, son en gran medida perpetrados por una comunidad laica, personas a las que el pensamiento religioso judaico les resulta ajeno y que tienen escaso conocimiento del contenido del Talmud. Lo mismo puede decirse de Marx, Freud, Reich y la mayoría de los investigadores de la Escuela de Fráncfort, a excepción de Erich Fromm, que era un estudiante rabínico. La mayoría de los intelectuales y revolucionarios judíos se criaron en entornos judíos relativamente laicos que, sencillamente, no incluían el estudio del Talmud.

Pero el judaísmo solo es una religión judía. A medida que aparece el estudio de la política identitaria judía y el poder político judío, se torna evidente que quienes se identifican como judíos suscriben visiones, ideologías y percepciones espirituales muy diferentes, y aun contradictorias, entre las cuales el judaísmo solo es una entre tantas. Si tratamos de enumerar los preceptos contemporáneos de los judíos, trasmitimos una clara imagen de la diversidad ideológica, espiritual e intelectual.

Si el judaísmo solo es una de tantas religiones judías, entonces no podemos considerar que el judaísmo y el Talmud sean el ADN del tribalismo judío o su excepcionalidad. Más bien, podría ser lo contrario: puede que el judaísmo y el Talmud sean síntomas de la identidad tribal judía. En otras palabras, no es el texto judaico lo que forma al judío, sino el judío lo que forma el texto judaico.

Este enfoque —una inversión de la relación causa-efecto— propiciaría una revolución copernicana en nuestro entendimiento del judaísmo, la política identitaria judía, el sionismo, las teorías judías revolucionarias, el *Tikkun Olam* y aun la definición del Estado judío.

Puede que el judaísmo y el Talmud no estén en la raíz de la «elegibilidad» o la supremacía tribal. Al contrario, puede que el Talmud sea un sucedáneo de la orientación judeocéntrica y tribal exílica. La inclinación excepcionalista judía podría, de hecho, ser anterior al texto judaico chovinista.

Desde la Revolución francesa y la emancipación de los judíos europeos, estos han estado huyendo del rígido universo rabínico y talmúdico. Se han dedicado a romper los muros del gueto en búsqueda de un nuevo significado. Muchos han intentado despojarse de su vieja identidad y asimilarse a sus países anfitriones.

Son innumerables los judíos que han alcanzado este objetivo, desapareciendo entre la muchedumbre, despojados de toda traza de tribalismo judío. Sin embargo, muchos judíos se han alejado de la Torá y el Talmud, pero han conservado una estrecha afinidad con el pensamiento judío tribal. Sin ser necesariamente conscientes de haberlo hecho, han mantenido un fuerte vínculo espiritual con sus raíces ideológicas tribales y su filosofía.

Vamos a intentar identificar las características del espíritu religioso judío en el núcleo de distintas políticas e ideologías. Dos siglos de asimilación, secularización y nacionalismo judíos han dejado claro que prácticamente cualquier ideología o pensamiento puede transformarse en una «religión judía». Pero ¿qué es esta maleable religión judía?

Examinemos una lista parcial de ideas contrapuestas que con frecuencia los judíos profesan como su sistema de fe contemporáneo:

Judaísmo: La creencia religiosa principal y más antigua del pueblo judío. Al parecer, ya no es tan abrumadoramente popular entre los judíos.

Ateísmo: La creencia de que la abolición de la religión en conjunto es buena para los judíos y para todos los demás.

El Holocausto: La fe en la primacía del sufrimiento judío. El Holocausto es considerado la «religión judía» más popular en el momento en que se escribe este libro[35].

Libre mercado: La creencia de que el libre mercado es algo bueno para los judíos así como para la mayoría de los ricos (Milton Friedman)[36].

Marxismo: La creencia de que la clase media sabe lo que es bueno para la clase trabajadora.

---

35. Puede parecer un ultraje hablar del Holocausto como religión judía. Pero, como veremos más adelante, no son pocos los expertos judíos los que insisten en que así es realmente.

36. Milton Friedman, «Capitalism and The Jews», https://fee.org/articles/capitalism-and-the-jews/.

Neomarxismo (alias Escuela de Fráncfort): El supuesto de que la manipulación cultural es el camino del futuro, siempre y cuando los *goyim* no se percaten.

Feminismo: La creencia de que la liberación de las mujeres del yugo masculino es buena para mujeres y hombres.

Psicoanálisis: La creencia de que cualquiera puede salir adelante con ayuda de un loquero.

Corrección política: La creencia de que la autocensura es el medio más económico y efectivo de paralizar a cualquiera que no sea sionista.

Política identitaria: La creencia de que lo personal es político a menos que seas musulmán o blanco.

Derechos humanos: La creencia de que los derechos humanos son buenos para todos excepto para palestinos y antisionistas (Alan Dershowitz y Cía.)

Proinmigración: La creencia de que la inmigración masiva desvía la atención de los judíos y también debilita la cohesión de los trabajadores «blancos».

Antiinmigración: La creencia de que la inmigración convierte a Londres en «Londonistán» (según la periodista sionista Melanie Philips) y es muy mala para los judíos.

Marxismo cultural: La creencia de que un viraje cultural, y no la revolución proletaria, hará avanzar a la sociedad (La Escuela de Fráncfort, Wilhelm Reich).

Derecha alternativa: La creencia de que el marxismo cultural es un mal moderno para destruir los «valores judeocristianos» (Andres Breitbart, David Horowitz).

Tikkun Olam: La creencia de que los judíos saben cómo convertir el mundo en un sitio mejor (marxismo cultural, Escuela de Fráncfort, rabino Michael Lerner).

Movimiento antibélico, antisionismo: La creencia de que las guerras sionistas son muy malas para los judíos en particular (Philip Weiss, Jewish Voice for Peace, Noam Chomsky, etc.).

Movimiento probélico, intervencionismo moral y neoconservadurimo: La creencia de que no es tan mala idea después de todo que el Imperio anglohablante luche por Israel.

Primer sionismo: La visión de que despachar judíos a Palestina es buena para todo el mundo (judíos y también *goyim*).

Sionismo contemporáneo: Refugio del Holocausto y cobijo seguro para los judíos de la diáspora y la oligarquía rusa del *Mammón*.

Cosmopolitismo: La creencia de que todo el mundo salvo los judíos deberían sacudirse cualquier sentido de arraigo, patriotismo y nacionalismo o cualquier sentimiento que implique orientación.

La lista anterior puede resultar divertida. La he presentado deliberadamente en clave humorística. De hecho, este es el sarcasmo típico del humor judío. Presenta una forma moderada de autodesprecio; es la manera que los judíos tienen de reconocer sus síntomas culturales.

Pero la lista es absurda. Algunos preceptos se contradicen entre sí. El judaísmo y el ateísmo parecen estar en completa oposición. El sentimiento antibélico, como predican un puñado de voces judías que se refieren a la izquierda como al «verdadero significado de la herencia judía universalista», entra en claro conflicto con las guerras impulsadas por contundentes neoconservadores sionistas que predican el intervencionismo moral en nombre de la judeidad (Bernard-Henri Lévy). El sionismo, que numerosos judíos consideran la encarnación contemporánea de la práctica espiritual judía, también es rechazado por unos cuantos judíos que insisten en que el antisionismo judío es el verdadero significado espiritual de su existencia judía.

Estas visiones dispares ilustran que la polaridad y la contradicción son consustanciales a la cultura y la política judía. Los judíos pueden liderar simultáneamente el mundo capitalista y la revolución socialista. Los judíos pueden unirse para cumplir el sueño sionista en tanto que otros judíos se esfuerzan por deslegitimar el sionismo en «nombre del pueblo judío». Los judíos pueden dominar los mercados financieros de Wall Street así como los movimientos de ocupación de Wall Street que llaman a desbaratar este centro simbólico del *mammonismo*, del culto al dinero. En suma, los judíos pueden afirmar simultáneamente que representan al 99 por ciento mientras son el 1 por ciento.

Si los judíos pueden liderar las dos caras de una misma moneda con tanta habilidad, entonces ¿qué es lo que hace que un sistema de preceptos o creencias sea específicamente judío? ¿Qué induce a los judíos a identificarse colectivamente con una idea o percepción particular? O, en suma, ¿cómo definimos una religión judía?

Ser elegido

Para que un campo del pensamiento pueda calificarse de seudorreligión judía, debe proporcionar un contexto para la elegibilidad. Todas las religiones judías sin excepción facilitan una mezcla de excepcionalidad y rectitud.

En 2007, mientras muchos judíos conservadores de alto nivel promovían la guerra, encontré un anuncio sobre la formación de un grupo de presión llamado «Judíos contra la guerra». Estos judíos «anti» belicistas rechazaban la guerra en nombre de «la larga historia de la comunidad judía en la defensa de la justicia social y los derechos humanos»[37]. Parece que tanto los judíos «a favor» como «en contra» de la guerra consiguen reafirmar su identidad judía única secundando objetivos políticos opuestos. Una forma de resolver esta peculiar tensión es aceptar que el amor no obedece a las reglas de la lógica, y que el amor propio judío no es una excepción.

En las décadas de 1970 y 1980, unos cuantos destacados filósofos israelíes, como los profesores Yeshayahu Leibowitz y Adi Ophir[38], fueron de los primeros en entender que el Holocausto se había convertido en una religión judía. El Holocausto, apuntaban, tiene sus sacerdotes y sus profetas, sus mandamientos y sus dogmas. Tiene sus rituales, sus días (conmemorativos) de celebraciones oficiales y aun de peregrinación. El historiador estadounidense Norman Finkelstein exploró más tarde toda la industria que se había enganchado al Holocausto. De hecho, el legendario diplomático israelí Abba Eban pronosticó el razonamiento de Finkelstein en los años 1950 con el humorístico adagio «no hay negocio comparable al negocio de la Shoah».

Lo verdaderamente crucial es que el Holocausto afirma la singularidad de sus seguidores. Se consagra a la primacía del sufrimiento judío, concediendo a los judíos la corona de espinas como el sufridor por excelencia. También sirve para justificar cada una de las acciones judías, desde la limpieza étnica hasta el genocidio. Y cualquier psicoanalista puede confirmar que,

---

37. https://www.indymedia.org/de/2007/03/882372.shtml.
38. Adi Ophir, *On Sanctifying the Holocaust: An Anti-Theological Treatise*, en *Tikkun*, volumen 2, número 1, pp. 61-67.

con frecuencia, el abusado se convierte en el abusador. En aras de afirmar la primacía del sufrimiento judío, el Holocausto debe mantener la singularidad y la rectitud del judío.

El ateo obtiene su estatus «especial» siendo «liberado» de cualquier pensamiento «irracional» o «ritual medieval». Marx pasa de ser un icono intelectual a una figura paterna religiosa cuando el «marxista» deviene el «vehículo» elegido que conduce a la justicia universal. El psicoanálisis se convierte en una religión judía elevando a sus seguidores al rango de autores de sus propias biografías.

En suma, para que un concepto funcione como religión judía tiene que aportar un claro contexto excepcionalista.

Las religiones judías y la perspectiva de la disidencia

> La religión judía es una religión de mitzvoth (mandamientos) y sin este idioma religioso, la religión judía ni siquiera existe.
>
> Profesor Yeshayahu Leibowtiz

Si bien el islam y el cristianismo son sistemas de fe, el judaísmo es un sistema que regula la obediencia. Los *mitzvoth*, una serie de 613 preceptos y «directivas» que, según se cree, fueron ordenados por Dios, rigen el universo.

Al contrario que el cristianismo y el islam, que se basan en preceptos espirituales y celestiales en el culto a un dios trascendental, el sujeto judaico suscribe una estricta observancia terrenal y material. Mientras que el islamo-cristiano se envuelve en el amor divino y la espiritualidad de lo sublime y la divinidad, al adepto al judaísmo se lo juzga por su capacidad de acatar cientos de rigurosas órdenes terrenales.

Una breve ojeada a la plegaria de la Shemá[39] judaica diaria revela la naturaleza del judaísmo como un sistema regulador de obediencia. En el judaísmo ni siquiera el amor a Dios es voluntario:

> Y amarás a Jehová tu Dios de todo tu corazón, y de toda tu alma, y con todas tus fuerzas. Y estas palabras que yo te mando hoy, estarán sobre tu corazón. ... Para que os acordéis, y hagáis todos mis mandamientos, y seáis santos a vuestro Dios. Yo Jehová vuestro Dios, que os saqué de la tierra de Egipto, para ser vuestro Dios. Yo Jehová vuestro Dios.
> (Plegaria de la Shemá, del Deutoronomio y Números)

Para el judío, la fe y el amor divino no están sujetos a la discreción racional ni al impulso espiritual. El amor a Dios, como leemos arriba, es una carga estricta, una orden.

Una mirada al libro de Maimónides (Rabí Moshé ben Maimón), el filósofo medieval judío que fue el experto erudito de la Torá más prolífico e influyente de la Edad Media, revela que «creer en Dios» —lo que él define como el primer *mitzvah*— es un mandamiento o deber esencial en oposición a un acto involuntario o a un impulso inspirado por el culto[40].

---

39. La Shemá es una de las dos únicas plegarias que la Torá ordena específicamente. Es la oración diaria fija más antigua del judaísmo, recitada mañana y noche desde tiempos antiguos.

40. Huelga decir que la decisión de Maimónides de convertir la fe en Dios en un primer *mitzvah* fue acogida con duras críticas entre numerosos rabinos a lo largo de los años.

Pero si el judaísmo no es exactamente un sistema de fe, ¿qué es? ¿Cree el sujeto judaico en algo siquiera?

La respuesta es que sí: el judío cree en «los judíos», y los judíos creen en «el judío». Esta afirmación mutua establece un sólido y contundente *continuum* tribal que sirve a lo colectivo y también al sujeto singular. Por consiguiente, cada cual adhiere a lo colectivo y viceversa. En términos pragmáticos, el judío acepta al «pueblo elegido» y, juntos, los «eleginitas» defienden un sentido de la eligibilidad colectivo. Esta situación puede ayudarnos a comprender la tendencia judía a segregar y el temor a la asimilación que muchos de los primeros sionistas exploraron.

En la ortodoxia judaica, la eligibilidad es la creencia de que el pueblo judío fue singularmente elegido para firmar un pacto con Dios. Para los judíos religiosos, ser elegido se entiende como un deber. De conformidad con la fe judaica, los judíos han sido colocados en la tierra para cumplir un propósito determinado. Dios confió este propósito a los judíos, y ellos lo transmiten de padre a hijo.

Sí que parece posible que los primeros judíos inventaran un Dios que los eligió a ellos y no a otros pueblos. Este Dios en ocasiones es cruel, con frecuencia carece de ética y no es un buen padre. El Dios judío ni siquiera permite que su pueblo pronuncie su nombre. Cabe preguntarse qué llevó a los primeros judíos a conjurar una figura paterna tan horrorosa. ¿Por qué mantuvieron su relación con un padre tan repugnante? La mayoría no lo hizo. Y, si bien no creen en Dios, son observantes de Dios. Creen en sí mismos: los judíos creen en «los judíos».

Dentro de este peculiar y agitado asunto de familia, el judío es libre de desechar a Dios (como han hecho muchos, especialmente en los dos últimos siglos), lo mismo que un autor puede reescribir libremente o, al menos, reconfigurar su propia narrativa. Pero raras veces el judío desecha al judío. Esta es la esencia del vínculo tribal. Judíos asimilados pueden dejar de lado a Dios, se hacen ateos y laicistas, pero nunca abandonan a la tribu.

¿Y qué hay de Dios? ¿Puede emanciparse, puede elegir a otro pueblo? Desde luego que no. A diferencia del judío que es libre de desechar a Dios mientras se aferra a una nueva identidad judía, la tribu, la sangre, las albóndigas de *matzah*, o aun Marx o Trotsky, el Dios judío es un mero protagonista judío. No puede ir a ninguna parte, está atrapado con «su» pueblo elegido para la eternidad.

La eligibilidad, a lo que parece, no es un don celestial precisamente, sino que entraría más en la línea de una maldición. Confina al judío a un gueto de mandamientos autoimpuestos. Más que belleza, santidad y la búsqueda de lo divino y lo sublime, lo que le queda al judío rabínico es un esquema de obediencia terrenal sostenido por un rígido escenario tribal. «El judío» y «los judíos» deben observar una serie de afirmaciones mutuas en las que Dios sirve de rol instrumental.

Este vínculo diamantino entre lo colectivo y lo individual es esencial para comprender la dicotomía entre el tribalismo judaico y el atractivo universal de las creencias islamo-cristianas.

«Cesto de deplorables»

Para el islamo-cristiano, la secularización entraña un rechazo de lo trascendental; es decir, una incapacidad de creer en un dios divino. Pero para el judío rabínico, la falta de conformidad constituye un rechazo de los judíos en conjunto, que interfiere crudamente con la relación binaria entre «el judío» y «los judíos». Hace añicos este mecanismo de autoafirmación. Mientras que en el caso del cristianismo o el islam el rechazo del Todopoderoso pone en riesgo el alma del incrédulo, en el caso del judaísmo, un acto de rechazo es el repudio a la tribu entera.

Esta relación entre el judío y los judíos explica por qué los judíos laicos y llamados «progresistas» suelen ser reacios al disenso y a las críticas internas y tan obcecados como los judíos rabínicos. El judaísmo es un sistema de fe basado en la obediencia y la regulación, y todas las demás formas de religión judía, como la política identitaria judía, el marxismo y la religión del Holocausto, requieren la misma filosofía normativa de la obediencia.

Los judíos suelen pasar de sus dioses e inventar otros que «faciliten» la suscripción a un nuevo sistema normativo. Y, al igual que el anterior, el nuevo sistema incluye una serie de estrictos mandamientos, un vocabulario especial y rigurosas fronteras de conducta «*kosher*».

A comienzos del siglo XX, el bolchevismo, con su sentido de la propia rectitud y su adherencia a las estrictas normas de la obediencia, atrajo a numerosos judíos del este de Europa. En poco tiempo el bolchevismo maduró en una doctrina genocida que hizo que, a su lado, el barbarismo del Antiguo Testamento pareciera un cuento de hadas. Pero lo más importante es que el bolchevismo tenía una estricta atmósfera de política partidista, una serie de mandamientos y una actitud intolerante prescriptiva hacia los disidentes.

El Holocausto, la religión judía más popular en la actualidad, puede que sea la fase última del devenir histórico judío. De acuerdo con la religión del Holocausto, «Dios murió en Auschwitz»[41], y el «judío» es el nuevo Dios judío. La religión del Holocausto ha fundido al «judío» y a «los judíos» en un relato autosuficiente, exhaustivo e independiente «sin Dios». Los judíos son las víctimas, los opresores y los redentores. Por ejemplo, los judíos transformaron la esclavitud en empoderamiento y lo hicieron ellos solos, a pesar de que su Dios traicionero los había abandonado.

Al igual que el judaísmo, la religión del Holocausto prescribe una forma de discurso y una estricta serie de mandamientos. Pero lo más importante es que, como las demás religiones judías, es total y deplorablemente intolerante con cualquier forma de disidencia. Cualquier tentativa intelectual de cuestionar la historicidad de cualquier aspecto del Holocausto evoca los castigos más severos y humillantes: encarcelamiento, excomunión, presión financiera y hostigamiento social y físico.

En los años 1970 el filósofo israelí Yeshayahu Leibowitz comentó que los judíos podrían creer en cosas diferentes, pero que todos ellos creían en el Holocausto. La religión del Holocausto representa la culminación de la historia judía y el vínculo por excelencia entre «el judío» y «los judíos».

El discurso puede entenderse como una serie de fronteras que delimitan las normas de un diálogo con-

---

41. «Dios murió en Auschwitz» es un sentimiento ocasionalmente asociado con Elie Wiesel y su superventas *La noche*. El teólogo del Holocausto judío Richard L. Rubenstein también escribió profusamente sobre el significado y el impacto del Holocausto en el contexto del judaísmo. En su libro *After Auschwitz*, Rubenstein afirmó que la experiencia del Holocausto hizo añicos el concepto judaico tradicional de Dios.

creto. Pero el discurso judío religioso se entiende mejor como una forma radical e intransigente de intolerancia. La religión judía es una plantilla de diferenciación, que establece una clara demarcación entre lo sagrado (*kodesh*) y lo impío (*hol*), lo *kosher* (propio) y lo *taref* (impropio).

La religión judía es muy particular respecto de la manera con que mantiene su club y a sus socios. Del mismo modo, el boicot y las excomuniones (*herem*) tiene raigambre en la práctica religiosa judía, y el judaísmo se ha ganado una terrible reputación a este respecto. El tratamiento espantoso tanto de Uriel Da Costa[42] como de Baruch Spinoza nos da una idea de la fobia judía religiosa hacia la innovación, el pensamiento original y la disidencia.

El judaísmo ofrece un ejemplo prototípico de intolerancia aunque, por desgracia, no es el único. Existen muchas otras religiones «judías», cada cual con su propio sello de intolerancia. Para que una religión, un precepto, una idea o un campo del pensamiento sean considerados judíos deben incluir unas reglas de separación muy claras. Estas reglas deben definir claramente quién está «dentro» y quién «fuera», quién es «incluido» y quién «excluido». Para el judaísmo es el *goyim*; el Holocausto tiene a sus negacionistas; los marxistas tienen a la burguesía; los sionistas a los «antis», y los «antis» a los sionistas. Y los progresistas excluyen a los reaccionarios blancos o, quizá debiéramos decir, a todas aquellas personas que votaron a Donald Trump.

Todas las religiones judías separan a sus fieles del resto de la humanidad mediante el establecimiento de

---

42. Uriel Da Costa (1585-1640) fue un judío portugués que vivía en Ámsterdam y recibió un duro castigo de las instituciones rabínicas por disentir racionalmente de ellas.

un modelo excepcionalista que conduce inexorablemente a una forma severa de desafecto. Hillary Clinton, en un acto de autosabotaje, lo ilustró muy bien. Clinton decidió declarar que la «mitad de los seguidores de Trump» pertenecen a lo que ella denominó un «cesto de deplorables» y, por si sus seguidores no lo habían captado, lo aclaró: «Los racistas, sexistas, homófobos, xenófobos, islamófobos, hay donde elegir». Clinton pronto comprendió que su estúpido comentario podría costarle un buen número de votos y más tarde se excusó por haber dejado traslucir su misantropía. Pero su comentario nos deja entrever su mentalidad estructural y excepcionalista, que constituye el meollo del discurso liberal. Estamos ante una forma de exclusividad y excepcionalidad radical, con un desafortunado fuerte parecido a la noción secular judía de la elegibilidad.

La intolerancia sistémica e institucional puede explicarse en términos teóricos. Para que una idea pase a «religión judía» debe definirse en términos de una dialéctica negativa. Debe «establecerse contra algo», o al menos existir en oposición a algo. Debe distinguirse, o enmarcarse, por el llamado «enemigo»: el «reaccionario», el «antisemita», el *goy*, el «blanco», el «musulmán», el «rico», el «sionista», el «antisionista», etcétera. Para que una religión semeje al judaísmo, no necesitará a un dios pero sí ciertamente un «cesto de deplorables». Las religiones judías han hecho un arte de la formación de ideas y clubs que se definen por la negación y terminan siendo religiones constantemente involucradas en luchas contra el «otro»; lo que, sin duda, no es un modelo de existencia pacífica y armoniosa. De hecho, es un proyecto para la paranoia incesante y el conflicto sin fin.

La utopía, la nostalgia, Estados Unidos y los judíos

La utopía, el ideal imaginario, el edén del anhelo colectivo y universal no están en la raíz de la izquierda y el pensamiento progresista. Una sociedad utópica es la meta política y social de numerosas narrativas de izquierdas y progresistas. Para otros, la sociedad perfecta es en sí el medio ideológico hacia la redención. Como la izquierda y el pensamiento progresista se rigen por el «debería ser», ninguna narrativa progresista intelectual es impermeable a cierta clase de ideal utópico.

Pero, para más de la mitad de los estadounidenses, la utopía es nostálgica. La vuelta al «sueño americano» —la idea de «recuperar la grandeza»— es la visión idílica que comparten los simpatizantes de Donald Trump y también Bernie Sanders, y el voto del Brexit en Gran Bretaña reveló que los británicos también sienten nostalgia de su pasado nacionalista.

La historia de las ideas ya ha vivido esta transición con anterioridad. Un estallido nacionalista-patriótico similar sorprendió a los marxistas culturales judíos en los años 1930. Wilhelm Reich y destacados miembros de la Escuela de Fráncfort quedaron perplejos ante la extendida popularidad del fascismo. No podían concebir cómo era posible que los obreros alemanes e italianos prefirieran el fascismo «reaccionario» a la «utopía comunista».

En la Alemania de los años 1930 como en los Estados Unidos de 2016, la nostalgia y el romanticismo dotaron a la utopía de un significado: el anhelo de un arraigo nacional por encima de un Shangri-La «progresista».

La «izquierda judía» pronto diagnosticó cuál era el problema de los alemanes. Para Wilhelm Reich era su sexualidad reprimida y, unos años más tarde, Adorno mejoró el paradigma de Reich, sumando unos cuantos criterios más al modelo de la personalidad autoritaria. Pero Reich y el resto de los marxistas culturales eran unos ilusos. La pornografía, los consoladores y la llamada revolución sexual no maduraron en una emancipación universal o nada que semejara una revolución proletaria. Más bien lo contrario, contribuyeron a alienar y suprimir prácticamente cada uno de los preciados valores humanos occidentales.

Como los alemanes y los nacionalsocialistas no eran muy amigos de Reich y la Escuela de Fráncfort, estos últimos tuvieron que salir corriendo. El Instituto de Investigación Social fue reubicado en la Universidad de Columbia, en Nueva York, desde donde se dedicó, durante las siguientes décadas, a la manipulación política y cultural de los estadounidenses.

A diferencia de los fascistas alemanes que rechazaron a los ideólogos judíos revolucionarios y progresistas, a la *intelligentsia* estadounidense le llevó medio siglo empezar a reaccionar contra el Instituto que había plantado la política identitaria y la corrección política en el centro del mundo académico, la cultura, los medios de comunicación y la política de Estados Unidos.

Pero en los Estados Unidos de 2016, la élite progresista judía pareció repetir el mismo error que la Escuela de Fráncfort y Wilhelm Reich habían cometido en la Alemania de 1930. La reacción que personajes como Noam Chomsky y revistas como *Jewish Daily Forward* tuvieron con los trabajadores estadounidenses fue catastrófica y peligrosa. Antes de las elecciones, en una entrevista[43] de Channel 4 News (Reino Unido),

---

43. Véase la entrevista completa con Noam Chomsky: «*Who rules the world now?*», Channel 4 News, https://www.youtube.com/watch?v=P2lsEVlqtso.

Chomsky dijo que los votantes de Trump eran la «clase trabajadora blanca pobre»[44] y *The Forward*[45] los llamó «supremacistas blancos», «perdedores» y «bravucones».

Tan solo una semana antes de las elecciones presidenciales de 2016, la profesora judía Cheryl Greenberg se refirió a Trump como a un titiritero que controla a su público mediante una política de «guiños».

> Las referencias de Trump al dinero, los banqueros y las conspiraciones internacionales parecen ser deliberados guiños antisemitas, y sus simpatizantes de la derecha alternativa lo reconocen (y lo celebran)[46].

A decir de la propia Greenberg, cuando Trump quiere comunicar un mensaje sobre los judíos, utiliza un código indescifrable, solo inteligible para la mitad de los estadounidenses (y para ella).

Greenberg fue una optimista, una ingenua o una necia. Unos días antes de que los estadounidenses votaran a Trump como su próximo presidente, escribió que la popularidad de Trump es «el último aliento de la supremacía blanca». Yo pensé entonces que el que los profeso-

---

44. Como siempre, es difícil saber si Chomsky está mal informado o simplemente miente. Una búsqueda rápida en internet revela que «los votantes de Trump son más holgados económicamente en comparación con la mayoría de los estadounidenses». (*The Mythology Of Trump's "Working Class" Support*», Five Thirty Eight, http://fivethirtyeight.com/features/the-mythology-of-trumps-working-class-support/). Trump también goza del respaldo de un creciente número de personas con educación y formación («*5 myths about Trump supporters*», Politico, http://www.politico.com/story/2016/03/5-myths-about-trump-supporters-220158).

45. «*Donald Trump hates Losers. Judaism Can't Get Enough of Them*», *The Daily Jewish Daily Forward*, Jay Michaelson 22/08/2016, http://forward.com/opinion/348008/donald-trump-hates-losers-judaism-cant-get-enough-of-them.

46. https://www.washingtonpost.com/posteverything/wp/2016/10/26/donald-trumps-conspiracy-theories-sound-anti-semitic-does-he-even-realize-it/?utm_term=.2ad6832fdfae.

res universitarios judíos expresaran tanto desprecio por la mitad de la población estadounidense en nombre de un mantra vago y progresista era un juego muy peligroso.

Pero ¿cuál era el crimen real de todos estos «perdedores blancos» y «antisemitas» de la derecha alternativa? Muy simple, sintieron nostalgia.

Está claro que a las instituciones progresistas judías y a los iconos de la izquierda los horroriza que los conservadores blancos sean nostálgicos. Sin embargo, cabría preguntarse por qué a medios judíos como *The Forward* y a intelectuales judíos como Greenberg y Chomsky los horroriza que otras personas sientan nostalgia. Al fin y al cabo, los judíos son personas conectadas con su pasado y legado cultural.

El judío progresista entendería bien que la nostalgia de la clase trabajadora fuera de una época en que la política, la cultura y las finanzas en Estados Unidos no estuvieran dominadas por personas como Haim Saban[47], George Soros, Goldman Sachs, Noam Chomsky o Sidney Blumenthal; todos ellos completamente aislados de la producción, la manufactura y la agricultura.

Los denominados progresistas de *Democracy Now, Real News* y *Jewish Daily Forward*, y los otros medios financiados por Soros, interpretan las elecciones presidenciales estadounidenses de 2016 como un tsunami antijudío al borde de un nuevo Holocausto.

Pero ¿tienen motivos para pensar así? ¿Alguien en la camarilla de Trump ha mencionado siquiera cualquier intención de perjudicar a los judíos o de recortar su poder? En absoluto. Es más, ha sucedido lo con-

---

47. Haim Saban es un magnate de los medios de comunicación israelo-estadounidenses. Es un donante importante del Partido Demócrata de Estados Unidos y un activo defensor de Israel en Estados Unidos.

trario, que Trump ha jurado lealtad a los judíos y a su Estado regularmente. Y por si esto no fuera suficiente, Trump tiene una hija judía, ha confiado en extremo en su yerno judío y, según Fox News, podría ser igualmente «el primer presidente judío»[48].

Esto nos deja un acertijo fascinante. Los estadounidenses, en conjunto, aman y apoyan a Israel; es posible que incluso amen la idea de Estados Unidos como la Tierra Prometida alternativa para los judíos. Gustan de la fantasía del *La-la-Land* inventada por Hollywood y a la mayoría de los ciudadanos les gusta incluso la idea del capitalismo salvaje dictado por Wall Street. Pero los progresistas de *The Forward* y del Open Society Institute saben de sobra que las simpatías de los estadounidenses no son acertadas. Saben que Estados Unidos, como el resto de Occidente, es una burbuja, y que está a punto de estallar.

El miedo del progresista judío al llamado blanco reaccionario y conservador emana de un hondo entendimiento de que en el pasado la grandeza de América fue sin duda mayor que la actual distopía progresista-liberal. Temen un hastío generalizado de la tiranía de la corrección, la misantropía identitaria y, por encima de todo, la inexistencia de un futuro que está sujeto a la prominencia de Wall Street y el *mammonismo* en general.

Quizá ahora podamos comprender lo que parece ser una hostilidad excesiva de los progresistas hacia los llamados blancos.

Si la culpa tiende a manifestarse por la hostilidad, entonces para identificar la culpa de los judíos

48. «*Trump is headed to the White House. Did we just elect our first Jewish president?*», http://www.foxnews.com/opinion/2016/11/20/ trump-is-headed-to-the-white-house-did-we-just-elect-our-first-jewish-president.html

progresistas lo único que tenemos que hacer es llegar hasta la culpa desde la hostilidad. En otras palabras, la manifiesta hostilidad de los judíos progresistas hacia los blancos, los paletos o los votantes de Trump abre una fascinante senda de análisis retrospectivo hasta el núcleo de la culpa judía.

Sabemos también que la culpa suele traducirse en síntomas de ansiedad y compulsión irracionales. Los progresistas judíos reconocen que el universo privilegiado en el que se desenvuelven es inconsistente con el mantra universalista que predican con tanto entusiasmo. Pero esta duplicidad, intrínseca a la política progresista, tiene consecuencias. Se manifiesta por cauces de hostilidad encubierta.

Un examen atento de los marxistas culturales, Wilhelm Reich y la Escuela de Fráncfort y sus homólogos coetáneos desde una perspectiva de culpa proyectada revela una imagen devastadora.

He llegado a la conclusión de que estos relatos intelectuales y seudoacadémicos del entorno del marxismo cultural se las ingenian para cegar a la sociedad ante el hecho básico de que la verdadera utopía es nostálgica. Han consagrado sus vidas y carreras al ocultamiento de lo que resulta más evidente e innegable: que para la clase trabajadora, el arraigo es su casa. Los neofreudianos, los neomarxistas, la Escuela de Fráncfort, Wilhelm Reich, la nueva izquierda, los teóricos críticos, los liberales y los progresistas, todos ellos poseen una misión básica: desviar la atención de los fiascos del *mammonismo* y de quienes más se benefician del *mammón*. Esta constatación nos permite entender por qué George Soros, un archi-*mammonita*, financia toda la infraestructura de la nueva izquierda a través de su Open Society Institute. Controla a la oposición.

De Goldstein a Soros y no solo

En su libro *La invención de la tierra de Israel*, el profesor israelí Shlomo Sand presenta pruebas concluyentes de que el discurso histórico sionista es inverosímil: el exilio judío es un mito, lo mismo que el pueblo judío y la «Tierra de Israel».

Pero Sand olvida abordar la cuestión más importante: si el sionismo se basa en un mito, ¿cómo es que los sionistas han conseguido salirse con la suya y mentir durante tanto tiempo? Si la noción judía del retorno al hogar y la demanda de una patria nacional judía no puede fundamentarse históricamente, ¿por qué judíos y occidentales la han apoyado durante tanto tiempo? ¿Por qué el Estado judío ha logrado celebrar su ideología racista y expansionista a costa de palestinos y árabes y durante un período tan dilatado?

El poder judío puede ser una respuesta, pero ¿qué es? ¿Puede mentarse siquiera esta pregunta sin que te acusen *ipso facto* de antisemitismo? ¿Podemos discutir siquiera alguna vez su significado y escarbar en su política? ¿Es el poder judío una fuerza oscura, gestionada y manipulada por algún poder conspiratorio? ¿Es algo que cohíbe a los propios judíos? Todo lo contrario: en muchos casos, el poder judío se celebra públicamente.

«Como judío orgulloso, quiero que Estados Unidos conozca nuestro logro. Sí, controlamos Hollywood», escribía Joel Stein[49] en el *LA Times* en 2008[50], y no se detuvo ahí. Concluía así su encomiástico reportaje: «Me trae sin cuidado si los americanos piensan que

---

49. Joel Stein es un periodista judío estadounidense que escribe para *Los Angeles Times* y colabora asiduamente con *Time*.

50. http://articles.lastimes.com/2008/dec/19/opinion/oe-stein19.

controlamos los medios informativos, Hollywood, Wall Street o el Gobierno, solo me importa que sigamos haciéndolo». ¿Cómo iba a intentar, pues, Joel Stein ocultar el poder judío?

El grupo de presión judío estadounidense AIPAC (Comité Americano-Israelí de Asuntos Públicos) tampoco es reservado con su agenda, sus prácticas o sus logros. AIPAC, CEI (Hermanos Conservadores de Israel) y el CRIF (Consejo Representativo de las Instituciones Judías de Francia) en Francia operan abiertamente y con frecuencia presumen de sus éxitos.

Nos hemos acostumbrado a ver como nuestros líderes elegidos democráticamente hacen cola vergonzosamente para arrodillarse ante sus tesoreros. Los neoconservadores se esfuerzan por esconder sus estrechas filiaciones sionistas. La Liga Antidifamación (ADL) de Abe Foxman se ha dedicado a perseguir y a acosar descaradamente a cualquiera que se atreva a criticar a Israel. Y, claro, ocurre tres cuartos de lo mismo con los medios de comunicación, la banca y Hollywood. Muchos judíos poderosos no muestran ningún tipo de reticencia cuando presumen de sus vínculos con Israel, su compromiso con la seguridad israelí, la ideología sionista, la primacía del sufrimiento judío, el expansionismo israelí y la hegemonía judía en la cultura, los medios, las finanzas, la comunidad académica y la política.

No obstante, a pesar de su ubicuidad, el AIPAC, los CEI, la ADL y demás solo son síntomas del poder judío. El auténtico poder judío es el poder de silenciar las críticas contra el poder judío. Es la capacidad de determinar las fronteras del discurso político, y en particular de la crítica de sí misma. El poder judío nos impide evaluar el poder judío y, lo que es más importante, discutir su impacto.

Según la opinión común, son los sionistas de derechas quienes facilitan el poder judío, pero esta explicación deja mucho que desear, porque, en realidad, son los «buenos», los «ilustrados» y los «progresistas» quienes garantizan que el poder judío sea el más efectivo y poderoso de Estados Unidos y más allá. Son los «progresistas» y «liberales» quienes más se esfuerzan por interferir en nuestra capacidad de identificar las políticas judeocéntricas en el corazón del neoconservadurismo, el imperialismo americano y la política exterior. Es el llamado sionista «anti» quien nubla efectivamente nuestra percepción de que Israel es el Estado judío (como se define a sí mismo). A fin de cuentas, si Israel decora sus tanques, banderas y bombas con símbolos judíos, ¿no deberíamos los demás tener derecho a preguntar quiénes son los judíos, qué es el judaísmo, qué es la judeidad y cómo se interrelacionan estos tres?

Fueron los intelectuales judíos de izquierdas quienes lideraron el ataque contra el trabajo de los profesores John Mearsheimer, Stephen Walt y James Petras sobre el *lobby* judío. Fueron los llamados «judíos progresistas» del Jews Voice for Peace (JVP) y Max Blumenthal quienes lideraron la campaña para silenciar a la brillante Alison Weir e If Americans Knew[51]. Es exactamente el mismo rebaño de judíos progresistas que estaban desesperados por silenciarme a mí y trabajaron incansablemente por detener la distribución de mi libro anterior, *La identidad errante*. Incluso Occupy AIPAC, la campaña contra el *lobby* político más peligroso de Estados Unidos, es obra de un puñado de activistas de derechas

---

51. If Americans Knew es una organización sin fines de lucro que se centra en el conflicto israelo-palestino y la política exterior de Estados Unidos en Oriente Próximo.

que se identifican políticamente (y no religiosamente) como judíos.

Es posible que tengamos que aceptar que nuestro disenso no es libre y que nos vienen manipulando desde hace algún tiempo. Como ya consiguió prever en cierto modo George Orwell en *1948,* nuestra oposición es controlada. Emmanuel Goldstein, el personaje central de *1984,* es un revolucionario judío, un Leon Trotsky ficcionalizado. Es el jefe de una misteriosa organización antipartidista llamada la Hermandad y el autor del texto revolucionario más subversivo (*Teoría y práctica del colectivismo oligárquico*), la voz disidente, quien le dice las verdades al poder. Orwell comprendió el uso de la disidencia y, en su novela final, expone a Goldstein como una mera invención del Gran Hermano, una herramienta que controla a la oposición y los límites de la disidencia.

El relato personal de Orwell sobre la Guerra Civil Española, *Homenaje a Cataluña*, presagió claramente la creación de Emmanuel Goldstein. Fue lo que Orwell presenció en España lo que, una década después, maduró en una profunda comprensión del uso de la disidencia para controlar a la oposición. Como he mencionado previamente, mi lectura es que, a finales de los años 1940, Orwell comprendió el peso de la intolerancia así como los rasgos tiránicos y conspiradores en el corazón de la política y la praxis de la izquierda «gran hermanista».

Nuestro movimiento disidente contemporáneo está más que controlado. La lista de organizaciones fundadas por el Open Society Institute de George Soros presenta una imagen sombría: buena parte de la red progresista, liberal y sectaria estadounidense al completo recibe fondos de un multimillonario liberal sionista con un historial ético dudoso. Y, al igual que su homólogo prosionista, Haim Saban, Soros no actúa clandestinamente. Su Open

Society Institute proporciona toda la información legal-
mente requerida relativa a las ingentes sumas que gasta
en todas sus importantes causas benéficas.

Así que nadie puede acusar a Soros ni al Open
Society Institute de ninguna actuación siniestra, como
de aprobar un discurso político, reprimir la libertad de
expresión o aun «controlar a la oposición». Lo único
que hace Soros es apoyar una amplia variedad de causas
humanitarias: derechos humanos, igualdad de género,
derechos de los homosexuales, *Democracy Now* (el canal
de noticias, literalmente «democracia ya»), democracia
después, la «primavera» árabe, el invierno árabe, Black
Lives Matter (a veces), los oprimidos, el opresor, la tolerancia, la intolerancia, Palestina, Israel, el antibelicismo,
el probelicismo (cuando es necesario) y demás.

Así como el Gran Hermano de Orwell cerca la disidencia a través de la oposición controlada, el Open Society
Institute de Soros establece los límites del pensamiento
crítico. En *1984* es el Partido el que inventa su oposición
y escribe sus textos, pero en el terreno de la era pospolítica, es George Soros, el archi-*mammonita* mundial en
persona, quien permite que nuestras voces disidentes sean
escuchadas, y nosotros por nuestra parte reaccionamos
aceptándolo de buena gana y conscientemente. Aprendemos a comprometer nuestros más preciados principios
para encajar en la agenda de nuestro bienhechor.

Adam Smith acuñó la metáfora de la mano invisible para describir el comportamiento autorregulado
del mercado. Pero la mano visible describe una realidad
autorregulada en la que los beneficiarios de fondos políticos integran por completo la visión que del mundo
tienen sus benefactores.

Democracy Now, probablemente el medio de comunicación disidente líder en Estados Unidos, nunca ha

discutido el *lobby* judío con los profesores Mearsheimer, Walt, Petras, Israel Shamir o yo mismo, los mayores expertos en este tema, que podrían haber informado al pueblo americano sobre como la política exterior de los Estados Unidos de América está dominada por el *lobby* judío. *Democracy Now* se opone a la filosofía neoconservadora, pero rechaza explorar las raíces de la agenda neoconservadora centrada en el sionismo, como tampoco abordará jamás la cuestión de la identidad judía. Esta plataforma mediática podrá invitar a Noam Chomsky o a Norman Finkelstein, incluso permitirá que Finkelstein destripe una caricatura de Alan Dershowitz; todo muy bueno, pero, en el fondo, no lo suficiente.

Es esta traición institucional, intrínseca a la política liberal y progresista de la nueva izquierda, la que introdujo una brecha infranqueable entre los obreros y los progresistas. Es esta traición la que propició la popularidad de Donald Trump y Bernie Sanders en las primarias de 2016, y es el vínculo entre progresistas, liberales y *mammonitas* de Wall Street lo que, en las elecciones de 2016, abocó a la humillante derrota de Hillary Clinton.

CONECTANDO LOS PUNTOS

> *En teoría no hay diferencia entre la teoría y la práctica. En la práctica sí que la hay*
>
> Yogi Berra

Mammonismo *frente a producción*

La civilización occidental está pachucha. La práctica del capitalismo nos ha puesto en el camino hacia la pobreza global y universal. Un desastre total. Pero el capitalismo a secas no explica la situación. Cuando Estados Unidos gozó de una economía próspera y creciente y un lechero podía mantener a una familia de cinco miembros, fue el capitalismo lo que facilitó la prosperidad. Cuando Estados Unidos era la primera potencia industrial del mundo, el capitalismo y el libre mercado impulsaban su economía. Lo mismo puede decirse de Gran Bretaña, Francia y otras sociedades industriales. En Occidente, el capitalismo dio trabajo a quienes querían ganarse la vida. Pero entonces, si el capitalismo era una fuerza positiva, ¿por qué ha dejado de serlo?

Una posible respuesta es que el capitalismo es un monstruo de dos cabezas. Una cabeza ofrece producción que a menudo es saludable para la sociedad en su conjunto. La otra cabeza es el *mammón* orientado al comercio: banca, mercado de valores, inversión, manipulaciones monetarias, etc. A diferencia de la producción y la manufactura, que requiere a grandes cantidades de personas de múltiples sectores de la sociedad, el *mammón* se limita a una fracción minúscula. Hace más ricos a los ricos, pero los desvincula del resto de la sociedad.

Con frecuencia el *mammón* y la manufactura se sostienen entre sí porque la producción depende de la inversión y de los mercados financieros. Pero no siempre. Si la manufactura tradicional implica mano de obra a gran escala, al *mammón* solo le interesa la acumulación de riqueza en su provecho y, como tal, le resbalan las cuestiones sociales y éticas. Cuidar al obrero o a la sociedad es algo ajeno al *mammonita*, porque no desempeñan ningún papel en la acumulación de dinero.

Hoy por hoy, el *mammonismo* es la fuerza impulsora del capitalismo global y el objetivo es maximizar la acumulación de riqueza. Como resultado directo, la producción y la manufactura siempre deben gravitar allá donde la mano de obra y la producción sean más baratas.

La mayoría de los británicos están disgustados con el estado de distopía en el que viven, y el voto del Brexit indica que posiblemente piensen que separarse de la Unión Europea aliviará sus problemas. Ansían nostálgicamente su universo pre-Bruselas. Pero si el problema real de Gran Bretaña reside en la City de Londres (el Wall Street londinense), entonces huir de Bruselas no los ayudará mucho. Se puede decir lo mismo de Estados Unidos. Si el núcleo de los problemas de Estados Unidos emana de Wall Street, ni Trump ni Sanders ni nadie puede salvar al pueblo estadounidense ni devolver a América su grandeza; no a menos que el *mammonismo* de Wall Street se convierta en un instrumento financiero dedicado a la manufactura estadounidense.

Será mejor que lo confiese: no ofrezco ninguna crítica original de las fuerzas oscuras del aparato capitalista. Henry Ford ya se planteaba estas cuestiones hace casi un siglo, seguramente el industrial más innovador de la historia del pueblo americano.

En su libro, *El judío internacional* (1920), el excéntrico industrial que usó voluntariamente los beneficios de la compañía para aumentar los salarios de sus trabajadores, señaló el corrosivo impacto del *mammonismo*. Ford insistía en que, en oposición a los obreros estadounidenses y en total contradicción con el *ethos* de trabajo estadounidense, un puñado de especuladores capitalistas solo ansiaban una cosa: «la riqueza por amor a la riqueza». A decir del propio Ford, el «judío internacional» no tenía interés en la producción o la agricultura. Para Ford, el judío internacional se acomodaba en Wall Street y especulaba con el destino, los deseos, la moneda y los valores ajenos, o, quizá debiéramos decir, su futuro.

Ford no hablaba de los judíos como un todo, no los criticaba como raza o etnicidad. Era consciente del índice de pobreza en las comunidades de judíos migrantes en Estados Unidos. Sabía, igualmente, que los judíos no eran un grupo monolítico. Pero sí que se opuso a un minúsculo segmento del mundo judío. Para él, el «judío internacional» era una referencia a un puñado de oligarcas y *mammonitas*. Ford creía que había logrado identificar la tendencia capitalista que estaba destinada a destruir América y la civilización occidental.

¿Por qué este capitalista visionario y sus escritos no hicieron mella en Estados Unidos?

La respuesta está en el Antiguo Testamento. La Biblia hebrea es una crónica de profetas rechazados. La cultura judía incluye una serie de estrategias ideadas para suprimir las voces visionarias y críticas. Los profetas bíblicos y sus sucesores son desdeñados uno tras otro: Jesucristo está clavado a la cruz, Spinoza fue excomulgado y el marxismo devino una religión judía popular solo para asegurar que la «revolución» quedaba en manos seguras.

Henry Ford pasó a ser el antisemita *de jour*, lo cual era suficiente para destruir su tenebrosa profecía. No hay duda de que Ford no era un dechado de amor hacia los judíos; es posible que incluso los aborreciera, pero su rechazo a los judíos que movían dinero no obedecía a un odio o fanatismo racial contra los judíos como grupo. Como he mencionado antes, *El judío interna-*

cional se centra únicamente en un minúsculo sector del universo judío; una élite judía que, en los años 1920, ya descollaba en el mundo de las finanzas, la banca y la banca de inversión estadounidense y mundial.

Tan solo tres días antes de las elecciones presidenciales estadounidenses de 2016, el escritor judío estadounidense Josh Marshal anunció al mundo que el discurso de clausura del candidato republicano lo había disgustado. «Estaba plagado de guiños antisemitas, tropos antisemitas y vocabulario antisemita»[1], escribió Marshal, haciéndose eco del análisis de la historiadora del Trinity College Cheryl Greenberg.

Pero ¿qué fue eso tan antisemita en el discurso de Trump? Marshal responde: «Los cuatro malvados estadounidenses fácilmente identificables en el discurso son Hillary Clinton, George Soros (financiero), Janet Yellen (presidenta de la Reserva Federal) y Lloyd Blankfein (director general de Goldman Sachs)»[2]. Huelga decir que no hubo una sola referencia en el discurso al origen étnico de ninguna de las personalidades anteriores. Durante su campaña, Trump se refirió a ellos como seres humanos corruptos. Pero fue Josh Marshal quien los vio como judíos. De hecho, fue él quien identificó a Soros, a Yellen y a Blankfein como «financieros y banqueros internacionales judíos».

No sé si Trump o Marshal han leído alguna vez *El judío internacional* de Ford, pero parece que, en lo que respecta a Marshal, no hay necesidad. Marshal sabe perfectamente quiénes son los *mammonitas*; simplemente insiste en que el resto evitemos el asunto. Pero la verdad

---

1. http://talkingpointsmemo.com/edblog/trump-rolls-out-anti-semitic-closing-ad.
2. *Ibid.*

no puede negarse. Los banqueros y los financieros internacionales que doblegaron a Estados Unidos y al mundo no son una categoría abstracta. Son personas con caras y nombres. Supongo que en el Estados Unidos de 2016 señalar con el dedo a los líderes de Wall Street es más o menos como quemar una sinagoga.

¿Genio, retorcido o ambos?

> *La breve emancipación legal de los judíos durante las guerras napoleónicas liberó energías económicas, profesionales y culturales sin parangón. Era como si una alta presa se hubiera roto de golpe.*
>
> Amos Elon[3]

En 1982, el comentarista político israelí Oded Yinon publicó un Plan Estratégico Israelí para Oriente Próximo[4]. Predijo que un creciente número de comunidades en Oriente Próximo y el mundo musulmán se alejarían del *ethos* occidental y de su visión de «iluminación». Según Yinon, Israel podía contrarrestar este fenómeno mediante un sencillo plan: garantizar que los árabes se consumieran a causa de los conflictos y las guerras sectarias; es decir, que suníes, chiíes, alauíes, kurdos y árabes cristianos se mataran entre sí sería bueno para Israel[5]. Para cuando la guerra siria ya era un desastre

---

3. *The Pity of It All: A portrait of the German-Jewish Epoch, 1743-1933*, New York: Picador, 2002, p. 6.

4. http://www.globalresearch.ca/greater-israel-the-zionist-plan-for-the-middle-east/5324815.

5. Es importante señalar que la élite de la inteligencia israelí no comparte la visión de la Primavera árabe y las guerras sectarias árabes. Algunos de los expertos en seguridad de Israel vienen insistiendo en que la Primavera árabe puede desestabilizar potencialmente la región e introducir, eventualmente, nuevos elementos hostiles peligrosos e impredecibles.

humanitario, quedó claro que el analista israelí había sido clarividente.

¿Cómo es posible que un oscuro israelí lograra producir una previsión tan precisa? ¿Era Oded Yinon un genio o poseía acaso una mente retorcida? ¿Y qué decir de Wilhelm Reich, Freud, Marx, Adorno, Marcuse, Edward Bernays y Norman Lear? ¿Fueron extremadamente inteligentes o solo extremadamente manipuladores? En la última parte de este libro analizaré a fondo algunos modelos analíticos que ayudan a explicar qué sostiene la actual hegemonía ideológica y cultural británica en Occidente. Como Yuri Slezkine, creo que los judíos se han convertido en el símbolo por antonomasia y el estándar de la vida moderna en todas partes. Los judíos son un elemento dominante en la sociedad occidental. Pero la pregunta es: ¿por qué?

En los últimos años se ha discutido profusamente sobre la noción del «genio judío», como demuestran hechos como que los judíos están sobrerrepresentados en las listas de laureados con el premio Nobel. Por supuesto, ganar el Nobel no es en sí una seña infalible de pensamiento innovador. Los galardonados con el Nobel pueden pertenecer, sencillamente, a un club prestigioso que se rige por consideraciones políticas y tribales. Así y todo, cuesta pasar por alto que algunos judíos increíblemente lúcidos y poderosos son muy visibles en la cultura, las finanzas, la ciencia y los medios de comunicación occidentales. Pero ¿significa esto necesariamente que existe una capacidad cognitiva única en los judíos? ¿Son realmente más listos que otras personas? En absoluto.

Examinemos la prominencia de los judíos en nuestra sociedad e intentemos desentrañar la sociología y la cultura que rigen la influencia judía en los grupos de presión políticos, el ámbito académico, la cultura, los medios de comunicación y las finanzas.

Ashbachat ha-geza: *refinando la raza*

Ashbachat ha-geza se refiere en hebreo al proceso activo de refinar y perfeccionar la autoproclamada raza judía.

Durante varios cientos de años —algunos sugieren que hasta 1500 años—, los judíos europeos practicaron una forma única de emparejamiento. En el gueto y el *shtetl*[6] judíos, el judío rico (*gvir*), habitualmente un mercader o un prestamista, casaba a su hija (*bat ha-gvir*) con el *protégée* talmúdico, el joven estudiante rabínico destinado a convertirse en un prominente erudito talmúdico (*iloui ba-torah*). El folclore judío está saturado de fábulas que exploran estas maniobras culturales.

Desde una perspectiva judía, el procedimiento era efectivo. Los judíos vivían en guetos y *shtetls* aislados, separados de sus entornos sociales más próximos. Crearon un sistema cultural y social que mantenía a una élite muy versada en los textos religiosos y el *ethos* tribal, pero también experta en la gestión de los asuntos materiales. Básicamente se aseguraban de que las personas convenientes estuvieran disponibles para las posiciones más elevadas. En términos prácticos, su sociedad semejaba una forma de meritocracia instruida.

Intencionadamente o no, esta práctica contribuyó a la emergencia de una pequeña élite cognitiva europea y judía que era igual de sofisticada en la Torá y en las finanzas. Como entonces judíos y gentiles estaban casi

---

6. El *shtetl*, en hebreo, es una ciudad pequeña o pueblo judío en el este de Europa.

siempre separados por muros que limitaban su interacción, los miembros de la élite cognitiva judía no contaban con la posibilidad de medir sus destrezas con las de la población gentil.

Al mismo tiempo, mientras que los judíos nutrían a los mejores y a los más brillantes, los gentiles europeos hacían lo contrario. Cuando las instituciones católicas localizaban a un muchacho especialmente inteligente, lo enviaban al monasterio, donde los votos de castidad garantizaban que su inteligencia muriese con él.

El retorno a la campana de Gauss

La campana de Gauss es un diagrama popular que describe cómo se distribuyen en la naturaleza las distintas cualidades. También ha servido para mostrar la distribución de la capacidad cognitiva dentro de una sociedad o comunidad determinada.

En la figura A[7], el eje horizontal representa la capacidad cognitiva y, si nos desplazamos de izquierda a derecha, la capacidad aumenta. La altura vertical del diagrama muestra el número de personas con una capacidad determinada, y el número aumenta a medida que la línea asciende. Como puede verse en la figura A, a la izquierda del diagrama detectamos un pequeño número de personas con una capacidad cognitiva baja (1). A medida que nos desplazamos hacia la derecha, vemos un mayor incremento de personas con una capacidad cognitiva media (2) y, cuanto más nos alejamos de la derecha, el número decrece mientras

---

7. En este libro, la campana de Gauss debe verse como una ayuda visual abstracta y no como representaciones científicas o estadísticas.

vemos un número más modesto de personas altamente
capacitadas (3).

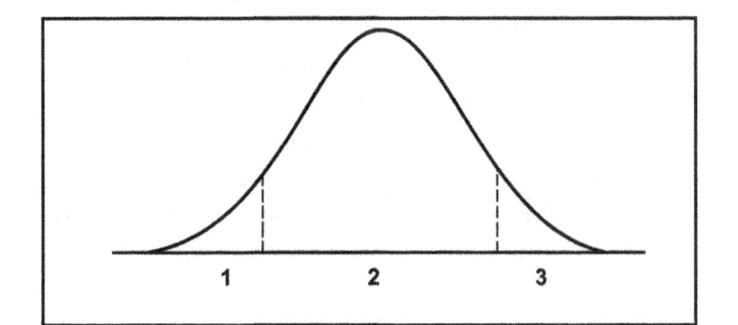

Figura A

En una sociedad europea normal y tradicional, la élite o
la aristocracia semejaría más o menos una campana de
Gauss aplastada.

Figura B

En el diagrama anterior (figura B), la zona gris muestra
la distribución de capacidad entre la aristocracia europea
tradicional en comparación con el resto de la sociedad
(la curva superior). Como puede observarse, la aristocracia europea no era una clase cognitiva, puesto que era
el linaje, y no la capacidad, lo que determinaba la per-

tenencia a la aristocracia. La aristocracia pasaba al primogénito y no al hijo más capacitado. En consecuencia, algunos aristócratas europeos tuvieron, digamos, ciertas limitaciones en términos cognitivos (1). Muchos más fueron mediocres en cuanto a sus capacidades (2) y solo unos pocos especialmente inteligentes (3). Como puede apreciarse, la distribución de capacidad cognitiva entre la aristocracia europea era similar a la distribución de la capacidad en el resto de la sociedad.

Los británicos trataron de retocar el sistema de la aristocracia europea. Comprendieron que para liderar una nación con inclinaciones imperiales hacía falta seguramente una fuerte élite cognitiva. Al igual que los judíos rabínicos, el Imperio Británico invirtió en las capacidades cognitivas de la élite gobernante y, gracias al sistema de pares, invitaba a sujetos capaces dentro del ejército, la academia, la función pública, el clero y las artes a unirse a las clases altas.

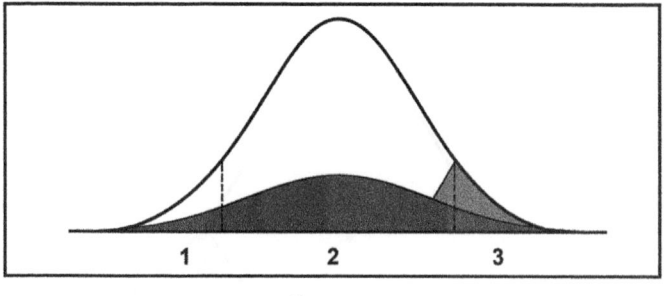

Figura C

En la figura C puede verse un pequeño bulto gris (claro) en el rango de la alta capacidad cognitiva (3). Esta pequeña zona gris claro representa una inyección de personas muy capaces en la clase gobernante británica. Sin embargo, a diferencia de la sociedad tradicional judía, los británicos apreciaban la capacidad en variadas y diversas formas, cosa que a su vez contribuyó enormemente a la suficiencia del imperio. Este singular ejercicio británico también apoyó la emergencia de una actitud intelectual relativamente liberal y tolerante entre la élite británica, y puede que fuera la fundación de la apertura académica, la diversidad y la cultura del debate británicos.

Curiosamente, mientras escribo estas líneas, la actual primera ministra británica, Theresa May, está haciendo campaña por reintroducir los *grammar school* (colegios de educación secundaria financiados por el Estado y con un currículum muy selectivo) en el sistema de educación británico. May cree que para que Gran Bretaña impere debe reclutar a las personas más capacitadas y formarlas para dirigir la sociedad.

El Imperio Británico no fue el único en buscar a personas dotadas para que se unieran a la élite. El Imperio Otomano también buscó a sus súbditos más talentosos y superdotados, y los hizo soberanos.

Figura D

En el caso de la sociedad judía europea (figura D), la forma y la estructura de la élite difieren de las del mundo no judío. En la sociedad tradicional, judía y europea, la élite (gris) se centra sobre todo en las finanzas y la investigación. Si bien la élite tradicional judía destacaba sobre otros pueblos, era una clase relativamente abierta a los varones talentosos. La sociedad judía invirtió en educación y buscó jóvenes talentos talmúdicos en los guetos judíos e incluso en algunos de los *shtetls* más remotos.

Pero el empeño de la sociedad tradicional en construir una élite con una alta capacidad cognitiva tenía una desventaja. Al construir agresivamente una élite cognitiva, el liderazgo judío despojó a las masas judías de sus varones más talentosos. A través de las instituciones rabínicas tradicionales, la sociedad judía vigilaba constantemente a la amplia comunidad en busca de potenciales talentos rabínicos. Como la clase elitista era abierta, tan pronto como se identificaba a un protegido, este era extraído de la comunidad y enviado a una *yeshivá* de renombre, por lo general en Europa occidental.

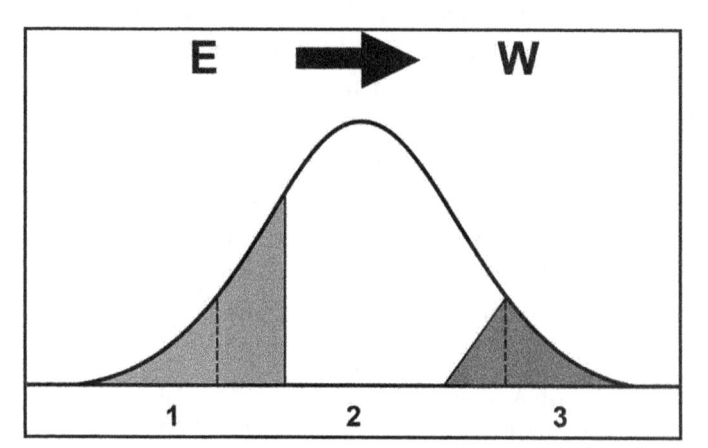

Figura E

En el mundo europeo judío, esta partición cognitiva tuvo consecuencias geográficas que redundaron en una división geográfica cognitiva entre el Este y el Oeste (figura E). La clase cognitiva más baja se centraba sobre todo en el oeste de Rusia, en la Zona de Asentamiento[8], mientras que los judíos más capacitados eran enviados a centros judíos más al oeste, en conurbaciones europeas como Praga, Moravia o Fráncfort.

En la práctica se creó una división geográfica cognitiva Este/Oeste entre la élite rabínica y financiera que se centraba en Ahskenaz —los países germánicos y Europa central— y «la nación yidis», como etiqueta Shlomo Sand a los judíos del Este (*ostjuden*), considerados generalmente de clase baja[9].

En la división de clase tradicional judía, los judíos del Este solo eran aptos para el trabajo manual. En la literatura hebrea y yidis, a veces se los menciona como cortadores de leña (*hotvei etzim*) y acarreadores de agua (*shoavei maim*).

Los autores judíos Shai Agnon y Shalom Aleichem sentían fascinación por estas comunidades yidis en la Zona. *El violinista en el tejado* de Aleichem explora esta brecha. La famosa canción de *El violinista*, titulada *If I Were a Rich Man* (Si yo fuera rico), se titulaba originalmente en yidis *If I Were a Rothschild* (Si yo fuera un Rothschild). La letra ahonda en los anhelos de los *otsjuden*, representados por Tevye, el lechero, y explora la aguda división de clases entre los judíos europeos. Es posible que la afinidad por el marxismo que sentían los judíos decimonónicos del este de Europa, y más tarde

---

8. La Zona de Asentamiento era una región occidental de la Rusia Imperial, donde se permitió que los judíos residieran de forma permanente.

9. Huelga decir que la división cognitiva Oriente/Occidente no era exactamente una norma férrea. Hubo unos pocos centros rabínicos y culturales vibrantes en varios ciudades del este de Europa, como Vilna, Cracovia, Odesa y Varsovia.

por el bolchevismo, tuviera algo que ver con esta división de clases interna (cognitiva) judía.

La Emancipación

La Revolución francesa y el espíritu de las luces operaron cambios profundos en la comunidad tradicional judía. Al final de la Revolución, Francia y un número creciente de naciones europeas invitaron a los judíos a integrarse en su sociedad como ciudadanos en pie de igualdad. Este viraje en el trato europeo a los judíos se conoce como la Emancipación judía. En el plazo de una década o dos, los judíos asociados con la élite cognitiva habían logrado asimilarse y convertirse a su vez en una clase europea destacada y dominante.

Estos talentosos judíos reclamaron importantes funciones en el ámbito académico, las artes, las facultades de Medicina y los departamentos de Derecho. Entraron en Gobiernos y en política y no tardaron mucho en participar en los asuntos nacionales e internacionales de sus nuevas naciones. Probablemente, la Casa Rothschild es el ejemplo más célebre de este espectacular fenómeno social. Pero los Rothschild no estaban solos. La familia Warburg[10], las familias Bischoffsheim y Speyer también prosperaron. Y la banca fue una parte más de la historia porque la resistencia marxista a la banca, el *mammón* y el capitalismo también estuvo dominada por miembros de la misma clase cognitiva; quizá detestaran sentir tanta afinidad con el *mammón*.

---

10. Paul Mortiz Warburg (1868-1932) fue un banquero judío estadounidense de origen alemán y uno de los primeros defensores del Sistema de Reserva Federal de Estados Unidos.

En los años que siguieron a la emancipación, la *intelligentsia* judía tuvo un éxito increíble. Las élites judías fueron singularmente capaces de prosperar tanto en el *mammón* como en la erudición; no solo eran frecuentemente más sofisticadas en ciertos ámbitos, sino que también estaban mejor organizadas como clan exclusivista en comparación con sus homólogos de las élites europeas.

Marketing *y estrategia*

Este es un territorio raro e incómodo. La lectura anterior de la sociedad judía, europea y rabínica sugiere que, durante generaciones, algunos segmentos del mundo judío participaron en un ejercicio eugenésico y meritocrático. Sin embargo, lo que hemos aprendido hasta la fecha confirma que la élite judía europea tradicional en cierto sentido era diferente de otras élites.

Debe recalcarse una vez más que hablar de los grandes triunfadores judíos es hablar de una clase reducida y aislada dentro del mundo europeo judío. No es una referencia a los judíos en su conjunto, o a los judíos como supuesta raza, pueblo o etnicidad, y también contraviene la engañosa noción del genio judío, tan generalizada. No nos estamos centrando aquí en la inteligencia innata de los judíos, sino en una capacidad particular y muy especializada, extendida dentro de un sector meritocrático minúsculo que se sitúa en el eje del mundo europeo judío.

Quienes ingresan en una universidad suelen encontrar entre sus profesores un desajuste bastante común entre sus asombrosas capacidades académicas y su completa insuficiencia en otras áreas. A pesar de sus grandes conocimientos en matemáticas, física o filosofía, algunos de nuestros profesores son unos completos inútiles en todo lo demás; y esto incluye el *marketing* de sus ideas y la promoción de sus obras.

No obstante, cuando se trata de intelectuales judíos, solemos encontrarnos con lo contrario. A los profesores judíos no solo se les da bien la erudición, sino que también suelen ser muy buenos comercializando sus ideas e incluso transformándolas en novedosas y brillantes teorías. Marx sabía venderse de maravilla, ciertamente mejor que Engels. Freud, argumentarán algunos, era mucho menos interesante que Jung o Lacan, pero, junto con su red internacional de discípulos, consiguió implantar ciertas ideas inquietantes en nuestra cultura popular y alterar la manera en que nos percibimos. Wilhelm Reich logró meter a los estadounidenses en cajas de madera mientras recaudaba los honorarios de su revolución sexual. Mientras que Gramsci, probablemente el revolucionario socialista más avanzado y el padre ideológico del marxismo cultural, pereció encarcelado en una celda, sus discípulos de la Escuela de Fráncfort añadieron una revolución estudiantil a sus currículos. De igual modo, Norman Lear nos convirtió en «cabezas huecas», y Edward Bernays nos redujo a meros consumidores.

Podríamos especular sobre el legado intelectual de algunos de nuestros mayores intelectuales judíos en, pongamos, cien años. ¿Qué quedará de Noam Chomsky, Bernard-Henri Lévy, Alan Dershowitz, Theodor Adorno o Emmanuel Levinas? Apuesto a que no mucho. Sí, estos pensadores judíos supieron promocionar muy bien sus ideas a escala global, al tiempo que defendían distintos aspectos de los intereses nacionales judíos.

El papel del humor judío

Hemos escarbado en el estrato de la élite cognitiva judía, pero ¿qué hay de la clase marginal judía? ¿Qué hay de la nación yidis, esos cortadores de leña y acarreadores de agua, los *ostjuden* que quedaron atrás en la Zona de Asentamiento?

El humor judío, mejor definido por Shlomo Sand como humor yidis, fue definitivamente una empresa yidis de las clases marginales. Sand señaló también que Albert Einstein o Spinoza no dedicaron mucho tiempo a bromear sobre su comunidad en yidis. De manera que eso que consideramos humor judío es, en gran medida, un culto yidis populachero, uno de los medios que permitía a los *ostjuden* en el Este sobrellevar su calvario. También fue una forma de resolver la división de clases judía ayudando a las clases marginales a identificarse con la élite.

Buena parte de los chistes yidis decimonónicos se centran en una narrativa en la que el judío común supera en inteligencia al *goy dummkopf* (gentil tonto). Existen infinitas variaciones de esta temática de tintes raciales, pero siempre es el judío el que gana, dejando al pobre y perplejo *goy* confundido ante su propia credulidad.

La realidad era algo distinta, claro. No era al *goy* al que se había dejado de lado, sino al *ostjuden*, al cual rodeaban los muros del gueto y oprimía un entorno hostil moldeado por sus soberanos cristianos y a veces también por su propia élite judía. El humor yidis del siglo XIX permitió al judío oriental de lengua yidis identificarse con la élite cognitiva asquenazí occidental y mirar con superioridad al opresor gentil local. A través de un chiste, el judío oriental podía elevarse al rango de un Rothschild o un Warburg.

Veamos algunos de estos chistes.

En una ciudad de Polonia había dos mendigos apostados a la entrada de la estación de ferrocarril todos los domingos. Uno era un judío barbudo y ortodoxo, harapiento y de aspecto desagradable; el otro era un cristiano pulcro y bien afeitado, con una camisa blanca y un reluciente crucifijo colgado al cuello. Como cabría esperar, el mendigo cristiano recaudaba un dineral, mientras que el judío permanecía allí solo, pobre, humillado y con frecuencia maltratado. Los antisemitas lo insultaban y escupían sobre él, y raras veces conseguía hacerse con un solo centavo.

Al cabo de unas semanas, un sacerdote católico, a todas luces un humilde humanista, se acercó al judío y le habló amablemente: «Mi querido hijo, me duele ver a parroquianos de mi Iglesia tratarte tan mal, pero venir a nuestra ciudad cada domingo puede que no sea la decisión más sabia. Está claro que no consigues ni un solo centavo, pero mira a este cristiano que está a tu lado, mira lo bien que le va. Yo te aconsejaría amablemente que vuelvas a tu gueto».

El mendigo judío le sonrió, se volvió hacia el mendigo cristiano junto a él y le dijo en yidis: «*Oi* Moishe, este *goy shlemazl*[11] cree que puede darnos lecciones de marketing».

El chiste es muy directo: estos estúpidos *goyim* son incapaces de ver lo listos que somos los judíos. Siempre vamos un paso por delante. Desafortunadamente, la realidad era muy distinta. En aquella época, los judíos que vivían en el Este llevaban una penosa existencia, eran oprimidos, maltratados y seriamente discriminados. Esta clase de chistes eran parte de su identificación

---

11. El *shlemazl*, en yidis, es un personaje desesperado, torpe e ingenuo.

judía, el medio que los oprimidos tenían de expresar su afinidad tribal con los capacitados, los astutos, los soberanos del mundo.

Veamos otro chiste judío; sombrío y ofensivo, es tan brutal como divertido:

Hay un pogromo. Una pandilla de cosacos ucranianos borrachos entran en un *shtetl*. Primero matan a los hombres, luego a los chicos adolescentes, luego se beben todo el vodka y pronto empiezan a violar a las mujeres. Finalmente, una vez saciada su sed sexual, empiezan a buscar oro. Pero antes de encontrar el oro, encuentran a una anciana en un desván. Dejando para después la búsqueda del oro, los cosacos le arrancan la ropa y se disponen a perpetrar otra agresión sexual. Cuando la madre y las hijas que están abajo comprenden que están a punto de violar a su abuela de 95 años, se desesperan y gritan:

—*Oi vey*. ¡Piedad, piedad! ¡Dejadla en paz! Os daremos todo el oro que queráis.

Arriba en su desván, la abuela alberga otros planes:

—¿Qué queréis decir con que me dejen en paz? ¡Un pogromo es un pogromo!

Una vez más, desde un punto de vista judío, incluso una anciana es más sofisticada que esos bestias de cosacos granujas.

El humor judío siempre es político por el hecho de que siempre transmite un mensaje[12], y este humor yidis

---

12. Podría ser importante mencionar que el humor judío estadounidense del siglo XX transmite el mensaje contrario. Woody Allen se mofa del «estereotipo de judío torpe disfuncional». La comedia televisiva de Larry David, *Curb Your Enthusiasm*, también ridiculiza al personaje hedonista y egocéntrico. Mel Brooks exagera los síntomas judíos hasta el absurdo y Sarah Silverman quiere volver a matar a Jesucristo. Estos comediantes judíos transforman el autodesprecio en una forma de arte. Mientras se burlan con sarcasmo de los estereotipos judíos, desarman cualquier

permitió que las clases bajas judías del Este trascendieran su carga existencial. En sus chistes podían identificarse con la élite cognitiva occidental judía y desterrar de sus corazones y mentes la enorme distancia entre los talentosos y los retrasados, entre Tevye el lechero y el barón de Rothschild.

El listo de Sion

La delicada relación entre la élite cognitiva judía y las clases bajas judías podría ser una clave para comprender el éxito del sionismo.

En 2004, el diario israelí *Haaretz* reveló que la eugenesia era un discurso que había calado entre los primeros sionistas. En un artículo titulado *To Maintain the Purity of Our Race, Degenerate Jews Must Avoid Giving Birth*[13], el medio israelí confesaba que «la eugenesia no era considerada una "mala idea" en los primeros días del sionismo». Según el periódico, prominentes figuras del *establishment* sionista propusieron castrar a los enfermos mentales, alentar la reproducción entre la *intelligentsia*, reducir el índice de natalidad en las comunidades orientales judías (judíos árabes) y garantizar, tanto como fuera posible, que solo una criatura sana y apta viera la luz del día.

---

oposición o crítica del dominio y el poder político judíos. Si bien poseen claramente lo que algunos considerarían síntomas judíos problemáticos, estos artistas judíos consiguen, gracias al humor, desarmar la disconformidad con el judío. Mientras que los llamados antisemitas acusan al judío de ser hedonista, egocéntrico, capitalista, usurero y asesino de Cristo, la respuesta de David, Allen, Silverman y Brooks es sencillamente: «Vale, ahora cuéntanos algo que no sepamos».

13. http://www.haaretz.co.il/misc/1.1558449 (solo en hebreo).

Uno de los más reconocidos eugenistas del Mandato británico de Palestina fue el doctor Yosef Meir, toda una autoridad médica sionista[14]. En 1934 escribió:

> Para nosotros, la eugenesia en general, y la prevención de la transmisión de desórdenes hereditarios en particular, reviste mayor importancia que para el resto de naciones.

A principios de los años cincuenta, el doctor Meir publicó un artículo que criticaba el «premio en metálico de la reproducción» que el primer ministro Ben-Gurion había prometido a cada mujer que diera a luz a diez hijos:

> No tenemos interés en el décimo hijo o siquiera el séptimo hijo de familias de origen oriental (árabes judíos) ... En realidad hoy en día es frecuente rezar por el nacimiento de un segundo hijo en las familias que pertenecen a la *intelligentsia*.

La partición cognitiva, la eugenesia y el biologismo estaban profundamente enraizados en la primera ideología sionista. De acuerdo con *Haaretz*, tanto el doctor Max Nordau, que era el segundo de Herzl en los comienzos del sionismo, como el doctor Arthur Ruppin, el presidente de la oficina israelí de la Organización Sionista Mundial, creían que la eugenesia debía estar al «frente del movimiento de renovación nacional judío».

Sin embargo, estos elementos ideológicos supremacistas se suprimieron institucionalmente en los años cincuenta por dos razones.

---

14. El doctor Yosef Meir se educó en Viena y durante treinta años fue director del proveedor de servicios sanitarios más grande de Palestina y después Israel (Kupat Cholim Klalit). El Hospital Meir de Kfar Saba lleva su nombre.

En primer lugar, el joven Israel dependía de la masiva inmigración de árabes judíos para tener una fuerza laboral más económica pero aun así judía. En vez de tener una división interna judía occidental/oriental, los nuevos hebreos estaban unidos contra el nuevo «enemigo», los árabes en general y los palestinos en particular. Por consiguiente, Israel, al menos ideológica y teóricamente, salvó la fractura cognitiva. Muchos argumentarían no sin razón que, por el contrario, Israel se divide racialmente entre judíos asquenazíes y judíos árabes. Es más, las estadísticas sugieren que la fractura cognitiva y social en Israel es de las mayores en Occidente.

En segundo lugar, después del Holocausto, las instituciones sionistas e israelíes se sintieron obligadas a ocultar las similitudes entre la supremacía sionista (como exploraron Meir, Nordau, Ruppin y otros) y el pensamiento hitleriano.

La verdad del asunto es que el sionismo no era muy popular entre las masas judías en los albores del siglo XX; como tampoco lo fue en los años 1930, ni en 1948 cuando, después de años de intentarlo, seguía habiendo solo 600 000 judíos en Palestina. Entonces, en 1967, de repente, el sionismo pasó a ser prácticamente la voz de los judíos.

Pero ¿resulta en el fondo tan sorprendente que el sionismo se hiciera tan popular entre los judíos? Observemos los logros sionistas. Llevaron a cabo una limpieza étnica casi completa del pueblo indígena de esta tierra, hicieron oídos sordos a todas las condenas internacionales y a un buen número de resoluciones de la ONU, enviaron a las superpotencias occidentales a reñir una cruenta guerra tras otra en su nombre, y siguen manteniendo a una región entera en un estado constante de alerta nuclear. ¡Y lo mejor de todo es que se han salido con la suya!

Pero ¿sucede esto porque los judíos son tan listos? ¿Es porque constituyen una raza o etnicidad única? Aunque el Estado judío supone una seria amenaza para la paz mundial, a los judíos les impresiona mucho el éxito del sionismo y de Israel, y muchos de ellos creen que Israel es una prueba de que existen cualidades raciales judías que son verdaderamente únicas. Pero es posible que los judíos no sean tan listos como creen y, por descontado, no son una raza, ni tampoco una etnicidad. Pero, así y todo, han logrado constituir una élite considerablemente competente y, a pesar de la secularización y la asimilación, han conseguido mantener y promover una cultura tribal de clanes que continúa siendo celebrada en todo el mundo.

El historiador estadounidense Norman Finkelstein ha concluido recientemente que los judíos estadounidenses están alejándose del sionismo y que su apoyo a Israel va a menos. Tenga o no razón Finkelstein, lo importante es entender que en el fondo no importa lo que los judíos (a escala masiva o individual) piensen del sionismo o de Israel. El mundo judío no es un aparato democrático ni se reivindica como tal. En el universo judío, abanderado por la élite cognitiva judía, es el *mammón* el que da el tono. Lo único que importa es dónde ponen su dinero los inversores multimillonarios como George Soros, Haim Saban y Sheldon Adelson.

Estos oligarcas tienen un impacto que excede con creces el destino del Estado judío o aun el del pueblo judío; ellos, y otros como ellos, configuran verdaderamente el universo estadounidense.

Diez días antes de las elecciones de 2016, cuando parecía que la victoria de Clinton era certera, el *Jewish*

Daily Forward presumió de que «los cinco mayores donantes de la campaña de Hillary Clinton son todos judíos»[15]. Entonces pareció que, una vez más, los multimillonarios judíos llevaban razón. De hecho, un mes y medio antes de las elecciones, la misma publicación informó de que «los donantes judíos han rehuido a Donald Trump: el 95 por ciento de las contribuciones van a parar a Hillary Clinton»[16]. No sorprenderá a los lectores descubrir que el 9 de noviembre, cuando no hubo dudas de que el ganador de las elecciones había sido Donald Trump, el *Forward* se apresuró a cambiar de tercio. «Siete donantes ricachones judíos como Sheldon Adelson lideran el comité inaugural de Trump»[17] fue el titular unos ocho días más tarde, y el *Forward* también informó de que «nueve de los veinte nombres que vienen en el anuncio del equipo de transición [de Donald Trump] publicado el lunes son judíos. Varios de ellos están en la junta de la Republican Jewish Coalition»[18].

A pesar de que Trump recibió solo un 5 por ciento de dinero de donantes judíos, según el *Forward*, casi el 50 por ciento de su equipo de transición era judío[19].

---

15. http://forward.com/news/352719/top-5-donors-to-hillary-clinton-campaign-are-all-jewish/ El *Forward* proporciona los nombres y afirma brevemente sus credenciales: Donald Sussman, un gestor de fondos de cobertura; J. B. Pritzker, un inversor de capital de riesgo; Haim Saban, el magnate del entretenimiento israelo-estadounidense; George Soros, gestor de fondos; y Daniel Abraham, fundador de SlimFast.

16. http://forward.com/news/breaking-news/350531/jewish-donors-shundonald-trump-95-of-contributions-go-to-hillary-clinton/.

17. http://forward.com/news/breaking-news/354741/7-big-bucks-jew-ishdonors-like-sheldon-adelson-lead-trump-inauguration-comm/.

18. *Ibid.*

19. «Nine out of the 20 names listed on the transition team's announcement released Monday are Jewish», http://forward.com/news/breaking-news/354741/7-big-bucks-jewish-donors-like-sheldon-adelson-lead-trump-inauguration-comm/.

Apuesto a que el mayor donante judío de Trump, el magnate de los casinos Sheldon Adelson, puede enseñar a George Soros y a Haim Saban una cosa o dos sobre apuestas presidenciales. O quizá no. Cuando la cosa va de elecciones presidenciales, no hay nada como apostar tu pasta a ambos candidatos, cosa que, en efecto, es lo que Saban, Soros y Adelson hicieron exactamente.

Ahora empezamos a comprender la posición que ocupa la oligarquía judía en los asuntos políticos estadounidenses, pero ¿dónde deja esto al pueblo americano?

El fin del Imperio

En el occidente capitalista previo a la Segunda Guerra Mundial, las capacidades cognitivas se distribuían por toda la sociedad. En los albores del siglo xx existía una economía expansiva en Estados Unidos, dedicada a la manufactura y la productividad, donde personas aptas y talentosas se mezclaban a diario con las que lo eran un poco menos. En muchos casos, trabajaban codo con codo en las interminables cadenas de montaje. La manufactura aumentó la demanda de la mano de obra, y la capacidad cognitiva no solía ser la competencia laboral más importante.

A partir de la década de 1970, Norteamérica y Occidente experimentaron una transición radical. El rápido progreso tecnológico en los sectores de la automoción, la robótica y la informática condujo a una disminución constante de la necesidad del trabajo manual. Nuestro romance amoroso con los mercados liberales y globalizados, los acuerdos del comercio internacional y la economía de servicios han empeorado la situación de los trabajadores. La mayoría de las industrias occidentales han desaparecido, en tanto que, al mismo tiempo, la demanda de trabajadores altamente cualificados (programadores, ingenieros, científicos, analistas de mercado, etc.) ha sido constante. Y si esta combinación no fuera suficiente para empobrecer a los trabajadores, también vemos levantarse nuevas barreras entre la nueva élite cognitiva y el resto de la sociedad.

En línea con estos acontecimientos, el trabajador occidental se ha visto reducido a mero consumidor. Quienes consumen y mantienen una solvencia razonable son respetados ciudadanos, en tanto que otros, que hasta hace poco eran una clase trabajadora pero ahora son una clase sin trabajo, son expulsados gradualmente del juego. Empujados a barrios segregados, conocidos por los sociólogos como la clase marginal, su sino está básicamente sellado. Este cuadro desolador describe la historia del declive de Detroit, Oakland, Baltimore, Newark y también Liverpool y París. Cada vez vemos más ciudades segregadas por el poder adquisitivo y el éxito social, pero las barreras no son solo socioeconómicas, sino que también están estrechamente vinculadas con ciertas competencias.

A comienzos de 1990, en su libro *The Bell Curve*, Richard J. Herrnstein y Charles Murray predijeron esta creciente división. Previeron una brecha catastrófica imparable entre las personas capaces y las menos capaces. Pudieron entrever la incipiente partición cognitiva y advirtieron a los estadounidenses de que su sociedad se precipitaba hacia el desastre. Las advertencias de Murray y Herrnstein chocaron con un muro de resentimiento e incluso de abuso, liderado por el popular científico progresista Stephen J. Gould que, por cierto,

poco después de su muerte, se descubrió que había sido
un fraude[20].

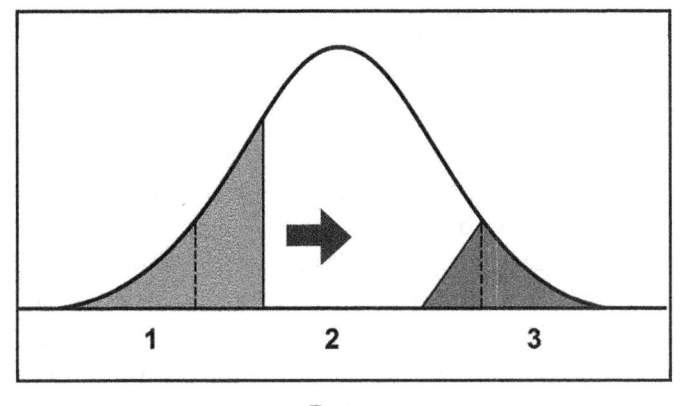

Figura F

La figura F nos ayuda a entender el estado actual de
la partición cognitiva en la sociedad occidental pos-
tindustrial y en Estados Unidos en particular. La zona
gris oscura (3) representa a los capaces y también a los
talentosos. La zona gris clara (1 y parte de 2) representa
a la clase marginal, aquellos que son menos talentosos
y han quedado rezagados. La flecha negra hacia la
derecha señala el hecho desastroso de que este sector
está en constante crecimiento porque, aun cuando la
demanda de mano de obra disminuye, la clase marginal
se expande.

Cada vez más gente está perdiendo los medios
necesarios para sostener el consumo y está condenada
a la privación. Tarde o temprano quedarán relegados a la

---

20. Poco después de su muerte, se evidenció que Gould había sido un
estafador académico que fabricó y tergiversó la obra de Samuel George
Morton. Véase, Robert Trivers, «Fraud in the Imputation of Fraud», tesis
doctoral, https://psychologytoday.com/blog/the-folly-fools/201210/fraud-
in-the-imputation-fraud.

clase marginal. Su presunto delito es simple: no poseen el talento suficiente para sobrevivir al orden mundial actual. Hace un siglo, es posible que solo aquellos que no entendieran unas instrucciones fueran los únicos incapaces de trabajar. En el presente, las personas con una capacidad intelectual media e incluso elevada es posible que tengan que luchar por sacar adelante a sus familias.

Pero he aquí una observación que encuentro fascinante. La partición cognitiva que ahora resulta aparente casi en cada sociedad occidental, es, en lo básico, una réplica exacta de la partición que observamos anteriormente en la sociedad judía tradicional. Al igual que en la sociedad judía tradicional, en el conjunto de la sociedad experimentamos ahora una segregación total (geográfica, socioeconómica y cultural) entre los capacitados y los que se quedan atrás.

¿Es una coincidencia que la partición cognitiva que hoy divide a Estados Unidos sea idéntica a la que dividió a la sociedad europea judía tradicional hace doscientos años? Depende de a quién se pregunte.

La respuesta progresista sería más bien que la similitud entre los dos escenarios sociales es casual, y sería desacertado sacar conclusiones racionales de una simple coincidencia. Pero si le preguntáramos a Henry Ford, el hombre que en una fecha tan temprana como 1920 detectó este peligroso camino en el capitalismo estadounidense, descubriríamos que el sino de Estados Unidos era caer en esta misma trampa. Con independencia de cualquier avance tecnológico, Estados Unidos se dirigía hacia una partición cognitiva y, en esta conexión, era imposible desoír la vasta sobrerrepresentación, dentro de las finanzas, la cultura y los medios estadounidenses, de lo que él, Henry Ford, llamó los «judíos internacionales». Para Ford, fue el financiero socialmente remoto y fiscalmente parasitario de Wall Street quien presentaba, entonces y ahora, una amenaza constante para el *ethos* de la productividad estadounidense.

La verdad podría estar en un punto intermedio. El descenso en la demanda de la mano de obra ha sido consecuencia directa de los avances tecnológicos (robótica, automoción, informática, etc.) que nada tienen que ver con el «judío internacional» de Ford. Sin embargo, cuesta obviar lo obvio, que la élite judía es un poderoso elemento en el seno de las clases dirigentes del país. Esto se debe en parte a que algunos judíos son sin duda muy talentosos, pero también es porque los judíos europeos han funcionado tanto tiempo en una sociedad cognitivamente dividida que, en esta sociedad, se sienten como en casa.

Este punto es crucial. Los judíos no son el único grupo étnico sobrerrepresentado dentro de la élite estadounidense, pero es posible que sí sea el más dominante en el terreno político y cultural dentro de la cultura estadounidense; mucho más, pongamos, que los coreanos. Y ¿por qué? Porque a diferencia de la coreana y de cualquier otra población, la partición cognitiva tiene un hondo arraigo en su cultura.

El concepto de «gobierno invisible» de Edward Bernay señala la partición entre las personas capaces y las masas. En 1928, Bernays tenía muy claro que para que la democracia se sostuviera, las personas talentosas tenían que ser capaces de manipular los deseos y las necesidades de las masas a través de la propaganda. Para Bernays, la partición cognitiva era un ingrediente elemental de la existencia democrática.

Por otra parte, la incapacidad de percibir la partición cognitiva podría explicar por qué la gente que clamaba ser «el noventa y nueve por ciento» nunca ha conseguido arrastrar siquiera al 1 por ciento a las calles. El eslogan «Somos el 99 por ciento» habrá sacado al movimiento Occupy Wall Street[21] a las calles, pero no ha producido un cambio social, y es fácil entender por qué. El término «noventa y nueve por ciento» era engañoso en sí. Señalaba una brecha socioeconómica entre «nosotros» (el pueblo) y «ellos» (los «obscenamente ricos»).

Pero el 99 por ciento frente al 1 por ciento no es solo una división socioeconómica, también podría ser una partición cognitiva (siendo el 1 por ciento la élite cognitiva) que la izquierda, la nueva izquierda, los progresistas y los liberales tratan de ocultar desesperadamente. ¿Y por qué desean esconder esta realidad? Probablemente porque las ideologías de izquierdas no poseen los medios teóricos e ideológicos para enfrentar la biología. Porque la biología no casa bien con las ideas de igualdad y cambio social, con el sueño de lo que debería ser. Para la izquierda, la biología es el final del viaje.

Entonces, ¿es posible que intentar fracturar la sociedad a base de política identitaria contribuya a ocultar también el hecho de que, pese a toda la sofisticación de nuestra justicia social, nuestra sociedad está subordinada a la más pura segregación cognitiva? Quizá esto explique por qué el Open Society Institute de Soros invierte copiosamente en políticas sectarias e identitarias. Desde una perspectiva *mammonita*, las guerras de la raza y el género parecen mucho más seguras que una revolución comunista. A la postre, en una guerra de razas, son los oprimidos quienes terminan matándose

---

21. Occupy Wall Street (ows) es el nombre dado a un movimiento de protesta que empezó el 17 de septiembre de 2011 en el distrito financiero de Wall Street, y atrajo el interés internacional, reproduciéndose en todo el mundo, contra la desigualdad económica y social.

entre sí, en lugar de perseguir a sus auténticos opresores en los cuarteles de la oligarquía y el capital financiero.

A veces me pregunto si el profesor Herrnstein, el lúcido profesor de Harvard y coautor de *The Bell Curve*, fue el primero en detectar la incipiente partición de la sociedad estadounidense solo porque la partición impregnaba su educación judía. Sospecho que Herrnstein comprendió que Estados Unidos estaba transformándose en un fiel reflejo del gueto judío europeo.

La nueva izquierda detestó *The Bell Curve*. Progresistas y liberales retrataron el libro como un vulgar panfleto racista. Pero el libro fue una rareza en las ciencias sociales, un texto meticulosamente investigado y documentado, científico pero también profético, que predijo con exactitud la destrucción de los trabajadores estadounidenses, tanto de las clases medias como de las bajas. Anticipó ciudades marginadas, separadas por una división cognitiva.

Pero, del mismo modo que Herrnstein pudo haber espigado alguna percepción de su herencia judía, me pregunto también si no serían ciertos intereses tribales los que animaron también a Stephen J. Gould a orquestar el ataque contra *The Bell Curve*. ¿Consiguió disimular la profundidad de la incipiente «judeización» del orden social estadounidense?

A la postre, Gould ganó, y Estados Unidos y los estadounidenses fueron abandonados a su destino. Pero una sociedad ética debería cuidar de todos sus miembros, de que puedan vivir y prosperar con independencia de su capacidad cognitiva. Quizá si escucháramos a Herrnstein y analizáramos su discurso, podríamos rescatar a decenas de millones de estadounidenses de la pobreza y la privación.

Una anécdota

The Bell Curve y sus autores recibieron ataques en muchos frentes, pero para nuestros propósitos dos son especialmente notables. En primer lugar, los criticaron por un uso acientífico de las pruebas de coeficiente intelectual (CI) para determinar la capacidad cognitiva. En segundo lugar, hicieron comparaciones entre distintas poblaciones y razas, que acabaron en acusaciones de racismo y determinismo biológico.

El rechazo a las pruebas CI no es nueva. Los críticos de la medición del CI insisten en que las pruebas no miden realmente la inteligencia o la capacidad, sino que en realidad solo miden la capacidad de puntuar bien en las pruebas CI. Suelo estar de acuerdo con esta postura, de modo que, cuando analizo este libro he evitado contar o mencionar siquiera el CI o cualquier otra medición particular de inteligencia. La capacidad es tan vaga como concreta: como el amor, seguramente uno no sabrá describirlo, pero lo reconoce en cuanto lo ve. No conozco el CI de John Coltrane, pero sé que fue uno de los hombres más inspiradores y talentosos del mundo. Igualmente, tampoco conozco el CI de Barack Obama, pero puedo ver que su capacidad cognitiva rebasa con creces la media. Pero no es solo destacable la capacidad de Coltrane y de Obama; es más que probable que Hillary Clinton obtuviera un resultado de CI más alto que Donald Trump. Sin embargo, en la carrera a la presidencia, Trump demostró tener una «capacidad» superior para *hacerse* elegir. La capacidad, según parece, viene determinada por un sinnúmero de cualidades, muchas de ellas imposibles de cuantificar o de medir. De manera que cuando hablo de capacidad, me refiero a ella sin hacer referencia a cómo se determina esta capacidad[22].

Pero el debate del CI sobre este superventas no es nada comparado con la tormenta que se precipitó sobre Herrnstein y Murray cuando hicieron comparaciones entre poblaciones y razas.

Herrnstein y Murray afirmaron que si la campana de Gauss A (Figura G) representa la distribución del CI en la población blanca estadounidense y B representa la distribución del CI en las comunidades judías asquenazíes y asiático-estadounidenses, entonces, según los autores, el CI medio de judíos y asiático-estadounidenses es ligeramente superior a la media de estadounidenses blancos. Esta afirmación, que los judíos asquenazíes y los asiáticos eran ligeramente más inteligentes que sus vecinos «blancos» estadounidenses, no causó controversia.

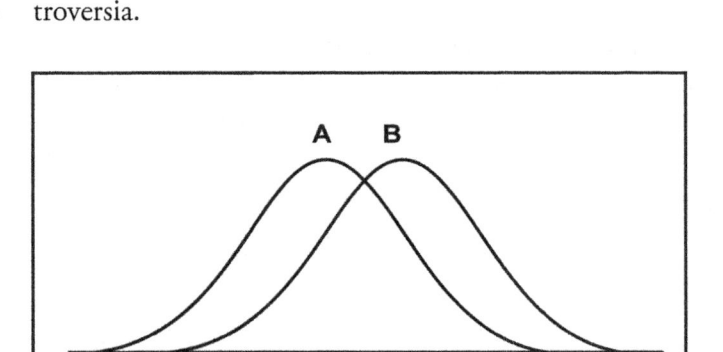

Figura G

22. Es muy importante mencionar que Herrnstein y Murray respondieron a sus críticos e insistieron en que el CI medía la adaptabilidad cognitiva. Así, una persona que puntúe 180 CI en Manhattan es posible que deba esforzarse por conseguir un CI medio en Kabul.

Sin embargo, cuando Herrnstein y Murray afirmaron que la puntuación media del CI de la población negra C (Figura H) era inferior a la de los estadounidenses blancos, como podrá imaginar el lector, estalló un pandemónium. A ojos de los medios de comunicación estadounidenses, la Universidad y demás, los dos investigadores se habían transfigurado en racistas fanáticos.

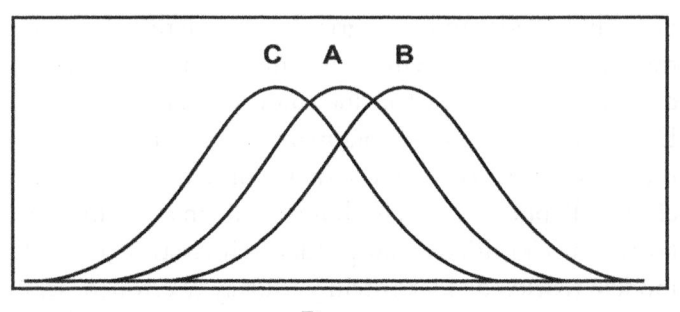

Figura H

No puedo evaluar convenientemente la exactitud de los descubrimientos de Herrnstein y Murray, pero, como músico de jazz que se ha dedicado a la música afroamericana seducido por el genio de Miles Davis, Thelonius Monk, John Coltrane, Duke Ellington, Charlie Parker y el resto, puedo ver qué fue eso en *The Bell Curve* que había indignado a tantas personas.

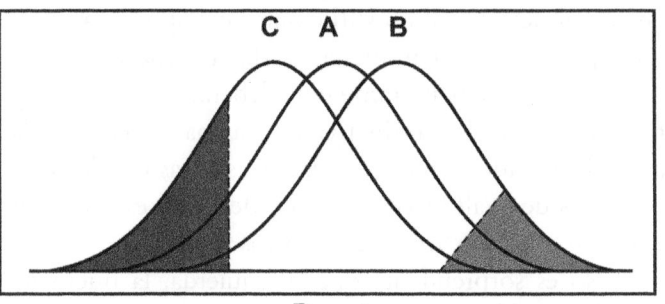

Figura I

Existe un problema crucial que debemos atender. Si observamos las comparaciones que Herrnstein y Murray, realizaron entre las poblaciones y combinamos estos datos con lo que sabemos sobre la partición cognitiva en Estados Unidos (Figura 1), la imagen que aparece es devastadora.

Los judíos asquenazíes y los asiáticos estadounidenses tienen una amplia sobrerrepresentación dentro de la élite estadounidense (gris claro a la derecha) mientras que, al mismo tiempo, ingentes números de estadounidenses negros están luchando contra la pobreza. Estas circunstancias son totalmente consistentes con las predicciones de *The Bell Curve*. Recordemos, como decía Karl Popper, que los hechos no validan en sí mismos las teorías científicas, solo pueden refutarlas, pero si el modelo teórico de Herrnstein y Murray es erróneo, será mejor que alguien presente una alternativa adecuada.

En la década de 1970, Herrnstein predijo una separación cultural y demográfica entre los muy inteligentes y el resto. Podemos, por mor de la corrección, seguir eludiendo el asunto, como llevamos haciendo las últimas cinco décadas. Podemos coincidir con la segregación y, tal como hemos estado haciendo, permitir que se destruya a los débiles. O podemos enfrentarnos al problema y aceptar que la sociedad debe construir las herramientas y las instituciones que apoyen a todas estas personas, con indiferencia de su capacidad cognitiva. Entre estas herramientas deberán contarse muy probablemente la productividad, la manufactura y la agricultura, aquí, en casa; todas estas cosas que los chicos listos de Wall Street y la City de Londres prefieren comprar a precios menores en otros lugares.

No es sorprendente que la izquierda, la nueva izquierda, los liberales y los progresistas no dieran a *The*

Bell Curve una buena acogida. La realidad de la partición cognitiva desafía la fantasía del «debería ser» y el sueño utópico. También destruye el concepto de lucha de clases, porque en una sociedad dividida por la capacidad cognitiva, no hay posibilidad de justicia o igualdad plena. Lo que sí hay es una cruda y brutal realidad social dictada por una mezcla de determinismo biológico y elitismo.

Para que la élite de la izquierda abordara estas cuestiones, habrían tenido que transformar su estructura filosófica y metodológica al completo. Tendría que haber renunciado al dogmatismo y las palabras huecas, y adentrarse en un pensamiento ético que es dinámicamente flexible e impredecible. Y esto era algo que nunca iba a ocurrir. Pero lo más importante es que para atender las cuestiones planteadas por Herrnstein y Murray, la izquierda tendría que haberse pegado a la realidad, abrir los ojos y ver a los millones de estadounidenses en apuros e identificarse con su lucha en vez de insultarlos. Pero esto tampoco iba a ocurrir. Enfrentarse a la realidad desafía la naturaleza del pensamiento de izquierdas, liberal y progresista. Observar el mundo tal como es supone un estorbo para la fantasía, esas inagotables palabras huecas acerca de los valores progresistas y liberales. Siempre ha sido más fácil quemar libros.

La nueva izquierda, los liberales y los progresistas se salieron con la suya, quemando *The Bell Curve* con sus críticas, pero no consiguieron derrotar su mensaje, como pueden dar fe decenas de millones de estadounidenses empobrecidos. Quienes trataron de silenciar estas devastadoras predicciones de 1994 despertaron el 9 de noviembre de 2016 a la realidad de que los empobrecidos obreros estadounidenses habían votado a Donald Trump para que fuera su presidente.

El libro y su mensaje podrían haber alertado a los estadounidenses de su incipiente distopía, pero, en cambio, fueron reducidos a una feroz batalla entre un puñado de intelectuales judíos; Stephen J. Gould y Noam Chomsky, por un lado, y Richard J. Herrnstein, por el otro. Como veremos a continuación, no fue casual que Estados Unidos quedara abandonado a su destino.

LA ÚLTIMA PIEZA DEL ROMPECABEZAS

*La mejor manera de controlar a la oposición
es liderarla nosotros mismos*

cita atribuida a Vladimir Ilych Lenin[*]

---

[*] Huelga decir que, si bien la cita anterior suele atribuirse a Lenin, yo no he conseguido identificar la fuente.

A lo largo de la historia moderna, varios agitadores judíos han convenido en que la comunidad judía padecía algún mal por esencia. En reiteradas ocasiones, estos rebeldes han visto que algo consustancial a los judíos, su cultura o su política en distintos momentos devenía un «problema judío».

El primer sionismo fue una de estas fases en la historia judía. Los primeros sionistas pensaban, al igual que los llamados antisemitas, que la diáspora judía tenía una «naturaleza parasitaria» y decidieron que la cura contra estos «problemáticos síntomas judíos» era el «retorno al hogar», el «reasentamiento» en Sion (Palestina). Prometieron llevarse allí a los judíos y hacer de ellos una nación productiva y un «pueblo como el resto de los pueblos».

Los judíos antisionistas contemporáneos también han convenido entre ellos que el «sionismo» y la «ocupación israelí» son un «problema judío». Se oponen a la ocupación —la soberanía continuada sobre los territorios que Israel obtuvo en 1967 en nombre de su judeidad— y están conformes con una ética universal judía vagamente definida.

Igualmente, Karl Marx pensaba que el capitalismo era un «problema judío». En su ensayo *Sobre la cuestión judía* sostenía que, para que el mundo se liberase del capitalismo, lo mejor sería que se emancipara de los judíos[1].

De modo que, al parecer, en ciertos momentos y reiteradamente, los disidentes e intelectuales judíos piensan, al igual que los *goyim* y los antisemitas, que

---

1. «¿Cuál es la base profana del judaísmo? Las necesidades *prácticas, sus intereses egoístas*. ¿Cuál es el culto profano del judío? El *tráfico sórdido* (el *regateo*). ¿Cuál es su Dios profano? El *dinero*. Bueno, pues la emancipación del *tráfico sórdido* y del *dinero*, o sea del judaísmo práctico, real, será la emancipación inmanente propia de nuestro tiempo.», Karl Marx, *Sobre La cuestión judía* [1844], traducción de Fernando Groni, Buenos Aires: Libros de Anarres, p. 40.

los judíos están aquejados de algún mal, o al menos algunos de ellos.

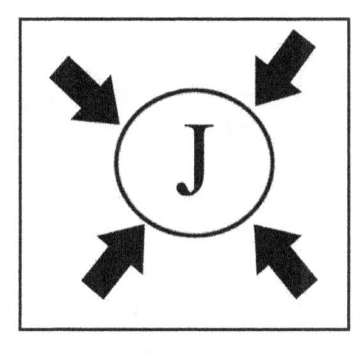

Figura κ

En la Figura κ, la J circundada es un problema atribuido a los judíos; un rasgo incómodo o algo turbador asociado con los judíos. Las flechas simbolizan un malestar público creciente y el rechazo a este «problema».

La historia judía moderna indica que muchas cosas pueden convertirse en un «problema judío»: Palestina, la banca, Wall Street, las guerras neoconservadoras, las políticas identitarias, el marxismo cultural, la hegemonía cultural dentro de Hollywood y los medios de comunicación son solo algunos de los temas explosivos que se han asociado con los judíos, su cultura y su poder.

Típicamente, los judíos utilizan distintas medidas como la legislación y la corrección política para sofocar el debate sobre estos temas y la participación judía en ellos, pero esporádicamente unos pocos judíos con conciencia ética verán el problema y se declararán abiertamente en desacuerdo con el discurso judío dominante. Suelen hacerlo porque creen que este desacuerdo con sus hermanos es bueno para su comunidad; es decir, insisten en que el «problema judío» en cuestión (AIPAC, Palestina, el capitalismo, etc.) desprestigia a los judíos en conjunto, de manera que, «como judíos», deben alzar la voz.

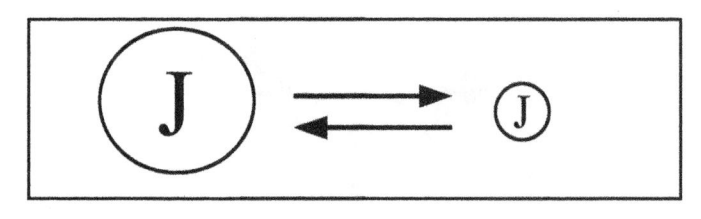

Figura L

El discurso de la disidencia satélite, representado por la pequeña J circundada (a la derecha), se forma para criticar el discurso dominante judío como un «problema judío» (la J grande a la izquierda).

La aparición del disenso dentro del discurso judío suele seguirse (Figura M) de un diálogo interno con frecuencia virulento entre la retórica judía hegemónica (izquierda) y los disidentes marginales satélites (derecha).

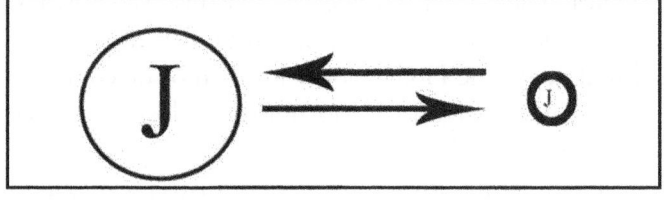

Figura M

Es importante recalcar que la aparición de este disenso satélite no es necesariamente conspirador. El disenso suele ser genuino y auténtico; es más, es completamente lógico que una persona ética de origen judío sienta malestar por los crímenes israelíes, los desastres económicos asociados con banqueros judíos, las guerras sionistas/neoconservadoras, etc.

Judío frente a judío

Lo anterior no describe una anomalía dentro de la sociedad judía. Describe un diálogo típico entre la hegemonía y el disenso. Sin embargo, este diálogo en apariencia normal, si se analiza de cerca, explica la impunidad y el alegato de omnipotencia que son intrínsecos a la política judía. Lo siguiente ilustrará la relación dinámica única entre los judíos y «el resto».

En cuanto esos elementos de la opinión pública que primero sintieron disgusto, inquietud o incluso indignación ante un «problema judío» (Figura K) determinado tomaron conciencia de un incipiente disenso judío, propendieron a retirarse. Dejaron que los judíos se pelearan entre ellos. En la práctica, la aparición de un debate judío interno conduce a la suspensión del rechazo general al «problema judío». Quienes al principio se sintieron perturbados por un «problema judío» forman un nuevo escenario teatral en el perímetro (Figura N) del discurso. Se retiran conscientemente del debate (las flechas invertidas) y terminan considerando que el tema es un asunto judío interno.

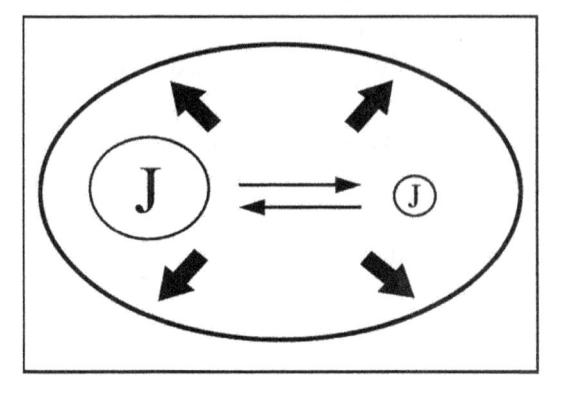

Figura N

Esta singular dinámica explica el dominio judío de, pongamos, el discurso de solidaridad con Palestina. La solidaridad con Palestina es ya un asunto interno judío que aliena y separa a los palestinos de la polémica sobre su propia liberación. Lo mismo sucede con la oposición a la política neoconservadora, donde un puñado de sionistas se ha posicionado como la máxima autoridad sobre las guerras intervencionistas, y el actual debate filosófico se ha reducido a una nimiedad seudoética interna del sionismo entre el neoconservador Sam Harris y el sionista blando Noam Chomsky.

En esta línea, en mayo de 2015 estalló una controversia a raíz del concurso de viñetas sobre Mahoma organizado por la ultrasionista Pamela Geller en Texas, que interrumpieron dos musulmanes armados. Hasta los medios más conservadores y derechistas de Estados Unidos expresaron su indignación por la actitud antimusulmana de Geller[2] y, en cuestión de horas, Pamela Geller, una celebridad sionista, se había convertido en un «problema judío». En menos de un día se formó un disenso judío en toda regla contra Pamela Geller, pero esta vez no venía de la izquierda judía contra el fanatismo sionista: la ofensiva venía del ultrasionista Abe Foxman y su célebre Liga Antidifamación (ADL). Como el análisis previo pronosticaría, los medios de comunicación estadounidenses se retiraron, dejando el debate sobre la islamofobia de Geller en manos de Foxman y su gemela sionista, Pamela Geller. El concurso de Geller y sus repercusiones dejaron de ser un problema estadounidense para convertirse en un «asunto interno judío».

---

2. http://therightscoop.com/chris-matthews-pamela-geller-caused-texasshooting-by-setting-a-trap-for-muslims-compares-to-nazis/.

¿Derecha alternativa o riña talmúdica?

Suprimir el disenso y controlar a la oposición no son tácticas exclusivas de la izquierda. Son muy comunes entre los círculos de la derecha estadounidense y sobre todo de la derecha alternativa del país.

En 2003, el Southern Poverty Law Center (SPLC) detectó un creciente interés de la derecha por el papel que la Escuela de Fráncfort, Wilhelm Reich y la *intelligentsia* judía habían tenido en la creación de esta escuela de pensamiento. El SPLC entendió que el marxismo cultural y su legado estaban a punto de convertirse en el «nuevo problema judío». En un ataque preventivo, Bill Berkowtiz escribió en *Intelligence Report,* la revista del SPLC:

> Los ideólogos de derechas, racistas y otros extremistas han retocado la corrección política y la han reenvasado; en su forma más virulenta, como una teoría antisemita que identifica a los judíos en general y a varios intelectuales judíos en particular como viles destructores comunistas. Estos supuestos originadores del «marxismo cultural» son vistos como conspiradores resueltos a que los estadounidenses se sientan culpables y a subvertir, por lo tanto, su cultura cristiana[3].

Supongo que Berkowitz no se molestó en echar un vistazo a la historia de la Escuela de Fráncfort y de los neomarxistas y descubrir por sí mismo qué creían o defendían Reich, Adorno, Marcuse, Horkheimer, Fromm y otros de su círculo. Berkowitz continúa:

---

3. *Cultural Marxism Catching On*, Bill Berkowitz, SLPC, 15 de agosto de 2003.

En resumidas cuentas, la teoría postula que un grupi-
to de filósofos judíos que huyeron de Alemania en los
años treinta y plantaron la tienda en la Universidad
de Columbia en Nueva York concibieron una forma
poco ortodoxa de «marxismo» que puso la mira en la
cultura de la sociedad estadounidense y no en su sistema económico. La teoría sostiene que estos judíos
que actuaban en interés propio —la llamada Escuela
de Fráncfort de filósofos— planeaban intentar convencer al ciudadano medio estadounidense de que el
orgullo blanco étnico es malo, de que la liberación
sexual es mala y de que los supuestos valores tradicionales norteamericanos —el cristianismo, los valores
familiares y demás— son reaccionarios e intolerantes.
Una vez subvertidos, pues, sus valores fundamentales,
reza la teoría, los norteamericanos se apresurarán a
suscribir las ideas de la extrema izquierda[4].

Berkowitz y el SPLC tenían buenas razones para temer
que el marxismo cultural estuviese a punto de convertirse en el «nuevo problema judío». Pudieron ver que la
oposición a estas influyentes escuelas de ideas progresistas estaba dispuesta a ser liderada por conservadores
y patriotas americanos; personas que no eran necesariamente judías o no se identifican política y culturalmente
como tales. Berkowitz estaba sin duda al corriente del
inestimable trabajo de Kevin MacDonald, en especial su
libro de 1998, *The Culture of Critique*. En él, MacDonald, psicólogo evolucionista, estudió la evolución intelectual de la Escuela de Fráncfort dentro del contexto de
la estrategia de supervivencia judía. Berkowitz también
estaba al tanto del disgusto que el veterano conservador
de Washington Pat Buchanan tenía con el marxismo

---

4. *Ibid.*

cultural. Sin embargo, ni el elocuente y preciso rechazo de MacDonald, ni de Buchanan, a la política identitaria cuajó en una oposición popular. Pero el fuerte auge de la política de base patriótica y antiindentitaria en Estados Unidos pudo ser un indicio de que, como tantas otras veces, había llegado la hora de hacerse con el control de la oposición y, como se esperaba, en 2010 el marxismo cultural ya era un «problema judío».

El crítico estadounidense contemporáneo más célebre del marxismo cultural fue Andrew Breitbart, el fundador derechista del leidísimo blog de noticias *breitbart.com*. Andrew Breitbart, periodista de éxito, fue crítico con todas las formas de política identitaria y con la tiranía de la corrección política. En concreto, deconstruyó la obra de los más destacados teóricos de la Escuela de Fráncfort y, desde una perspectiva conservadora, analizó su corrosivo impacto en la sociedad norteamericana.

Andrew Breitbart murió en 2012 (43) poco después de publicar su superventas *Righteous Indignation: Excuse Me While I Save the World!*, que entre otras cosas deconstruyó exhaustivamente el marxismo cultural y la Escuela de Fráncfort. Breitbart fue la estrella fugaz de la derecha alternativa, la cara intelectual del Tea Party y el principal crítico con el intento de la Escuela de Fráncfort de subvertir la sociedad estadounidense. Huelga decir, no obstante, que Breitbart nunca dejó pasar una oportunidad de mencionar su educación judía y lo mucho que le había influido su formación *barmitzvah*.

La crítica de Andrew Breitbart a la Escuela de Fráncfort no era solo válida y fundamentada intelectualmente, sino también una buena lectura. Breitbart fue un gran escritor. Transmitió el mensaje más terrorífico de la manera más personal y todo ello sazonado de

humor negro. Entendió el proyecto marxista cultural.
Captó su naturaleza tiránica e ideológica. En referencia
al concepto marcusiano de la «tolerancia represiva»,
Breitbart escribió:

> La primera enmienda —el mismo instrumento que
> permitió a la Escuela de Fráncfort desembarcar en
> nuestras costas y expresar su perniciosa idea en liber-
> tad— se veía ahora recortada por quienes se habían
> beneficiado de ella[5].

Pero, como es comprensible, Breitbart era reacio a señalar la orientación judía en el núcleo del marxismo
cultural y la Escuela de Fráncfort; de hecho, eludió el
tema por completo. Para Andrew Breitbart, los escritores Adorno, Fromm, Marcuse, Reich y Horkheimer
eran «solo alemanes[6] que vinieron a América e interfirieron en nuestros valores judeocristianos». Fue un giro
muy sofisticado, convertir a la Escuela de Fráncfort en
alemanes comunes y, al mismo tiempo, convertir a los
estadounidenses en judíos.

De este modo, los estadounidenses eran ahora
«judeocristianos», pero ¿cuáles eran esos valores judeocristianos que el malvado marxista cultural estaba
tan empecinado en reprimir o incluso destruir? ¿Son
reales estos preceptos? ¿O son una construcción política? ¿O acaso solo un mito? ¿Y es verdaderamente una
coincidencia que Breitbart, mientras sudaba tinta para
injertar el «judeo» en los valores universales cristianos,
no percibiera los orígenes judíos laicistas del proyecto
marxista cultural?

---

5. Andrew Breitbart, *Righteous Indignation: Excuse Me While I Save the
World*, 2012, p. 122.
6. Wilhelm Reich era austriaco en realidad.

El significado del canon judeocristiano al que alude Breitbart es vago y oscuro. Es verdad que el cristianismo y el judaísmo comparten algunos pasajes bíblicos, pero la historia de la relación entre judíos y cristianos no es una historia de unir armónicamente dos palabras («judeocristiano»), sino la de una continua animosidad e incluso de algunos genocidios. El sionismo nació a finales del siglo XIX porque los intelectuales judíos como Herzl, Nordau y Jabotinsky llegaron a la conclusión de que judíos y cristianos tenían poco en común y era mejor separarlos de una vez por todas.

Sin embargo, a los estadounidenses les gusta creer que su nación se funda en estos principios supuestamente compartidos, y es cierto que los padres fundadores de los Estados Unidos guardaban una vinculación con el Antiguo Testamento y los Diez Mandamientos. El problema es que, si bien está bastante claro qué es lo que los padres fundadores cristianos tomaron de las Escrituras, no queda tan claro qué aportó al acuerdo la parte «judeo».

Algunos insisten en que estos valores judeocristianos se remontan a la Declaración de Independencia:

> Sostenemos como evidentes por sí mismas dichas verdades: que todos los hombres son creados iguales; que son dotados por su Creador de ciertos derechos inalienables; que entre estos están la Vida, la Libertad y la búsqueda de la Felicidad.

Pero quienes piensen que esto es una plasmación del pensamiento judeocristiano, quizá deberían explicar también por qué estas actitudes liberales son tan ajenas al pensamiento judaico. En el pensamiento judaico la mayoría de los hombres habrán sido creados iguales, de acuerdo, pero algunos nacieron elegidos. En suma, estas actitudes universales, que son fundamentales para el cristianismo y el islam, son completamente ajenas al núcleo del judaísmo tribal.

Creo que esta noción de los «valores judeocristianos» se repopularizó después del 11-S para crear una alianza espiritual imaginaria entre el sionismo, Israel y el imperialismo americano. A renglón seguido, oímos un llamamiento generalizado a la guerra global contra el mundo árabe y musulmán. Los «valores judeocristianos» no son ya sino un pretexto más para las guerras instigadas por Israel.

Ahora pienso que las críticas de Andrew Breitbart contra los marxistas culturales en nombre de este constructo canónico fueron un intento sofisticado de ocultar el simple hecho de que los marxistas culturales le habían declarado la guerra al cristianismo, la Iglesia y los valores cristianos. Sin duda, lo que los marxistas culturales combatieron no fue el «judeo».

Ahora, ambas partes oscurecen el debate. Ahora, el debate estadounidense más importante de nuestros tiempos, un debate sobre el verdadero significado de la libertad, la naturaleza del diálogo político y las perspectivas de la sociedad, se ha reducido, una vez más, a un disputa interna judía. Por una parte, el Southern Law Poverty Centre, de tendencia izquierdista-sionista, obstruye cualquier intento de examinar los orígenes del marxismo cultural y, por otra parte, Breitbart y sus seguidores acusan al marxismo cultural de interferir con valores «judeocristianos», mientras ocultan que el marxismo cultural es, entre otras cosas, un ataque (laico) judeo-progresista contra los cristianos, el cristianismo y la Iglesia, y también contra el nacionalismo y el arraigo estadounidenses.

Breitbart no fue el único crítico judío célebre del marxismo cultural. David Horowitz, agitador conser-

vador ultrasionista, fue uno de los primeros estadounidenses en arremeter contra el marxismo cultural. El
joven Horowitz se educó en los años 1950 como un judío
estadounidense comunista y evolucionó en un ardiente
entusiasta de la nueva izquierda (años 1960) y en un
defensor de la política identitaria. Por eso, cuando se
transformó en enemigo de la izquierda (años 1970),
gozaba de buena posición para entender contra qué
estaba.

El bloguero conservador Lee Stranahan ha comen-
tado en su sitio web de política, *leestranahan.com*, el
destacado papel de los judíos en la lucha contra el marxismo cultural:

> Es igual de cierto que las figuras más importantes
> de la Escuela de Fráncfort eran todas judías y que
> algunas de las figuras más importantes que desen-
> mascararon la Escuela de Fráncfort como Andrew
> Breitbart y David Horowitz también son judíos[7].

Para el gentil Stranahan, es más seguro permitir que los
judíos Andrew Breitbart y David Horowitz se ocuparan
de lo que él ve claramente como un «problema judío»,
porque al menos nadie puede acusarlos de ser antisemitas. Y ahora es menos sorprendente que algunos
partidarios palestinos utilicen precisamente el mismo
argumento: que dejar a los judíos dirigir la contienda
contra el Estado judío es una estrategia segura. Y, de
hecho, es segura porque no lleva a ninguna parte.

La estrella actual de la derecha alternativa y un
enemigo acérrimo de la política identitaria es el conservador «católico gay» Milo Yiannopoulos, que ha trans-

---

7. Lee Stranahan. *Duping The Idiots: The Left's Frankfurt School
Denialism*, 18 de septiembre de 2013.

formado con éxito las tácticas satélites disidentes en una forma de arte. La mayor parte del tiempo Yiannopoulos es católico, pero cuando la ocasión lo requiere se transforma en un orgulloso judío. En una entrevista televisada en internet con Dave Rubin, Yiannopoulos dijo:

> La gente de la derecha alternativa, la gente a la que le gusto, no son antisemitas. Los judíos les dan igual. A ver, puede que hagan suposiciones sobre cosas, como que todo está en manos de los judíos; pues así es. Como que los bancos están en manos de los judíos; pues así es. Como que los medios de comunicación están en manos de los judíos; pues así es. Tienen razón en todo esto. ... Es un hecho, nadie puede discutirlo. Es un hecho estadístico ... Los judíos tienen una presencia ampliamente desproporcionada en todas las profesiones. Es un hecho. No es antisemita señalar las estadísticas[8].

El viraje sin esfuerzo de Yiannopoulos de católico a orgulloso judío ilustra una situación que permite transformar prácticamente cada lucha política y cultural importante en una disputa judía altamente entretenida que, a efectos prácticos, se morderá sencillamente la cola.

Pero por si quedaba alguna duda de dónde se depositan las lealtades de Breitbart, el nombramiento del presidente Donald Trump al ex director de *Breitbart News,* Stephen K. Bannon, como su estratega jefe y principal consejero nos proporcionó una ventana a la proximidad entre el sionismo y los principales medios de comunicación de la derecha alternativa estadounidense.

---

8. http://www.tabletmag.com/jewish-news-and-politics/203888/donald-trumps-little-boy.

Tras el nombramiento de Trump, la mayoría de los medios de comunicación generalistas estadounidenses y judíos acusaron inmediatamente a Bannon de ser «un virulento antisemita» y un «supremacista blanco». En el *New York Daily News*, Shaun King insistió en que «Donald Trump está utilizando a Stephen Bannon para convertir al Partido Republicano en el nuevo Ku Klux Klan»[9], y el director general de la Liga Antidifamación (ADL), Jonathan Greenblatt empleó un lenguaje de lo más severo como reacción al nombramiento de Bannon:

> Es un día triste cuando un hombre que presidía la principal página web de la «derecha alternativa» —un grupo flexible de nacionalistas blancos y descarados antisemitas y racistas— tenía previsto ser un funcionario de alto nivel en la «cámara baja».[10]

¿Sorpresa? En menos de un día supimos que Bannon es, en realidad, prosemita y un ardiente defensor de Israel y el sionismo.

Ben Shapiro, que había dejado *Breitbart News* luego de reñir con Bannon, escribió: «No tengo pruebas de que Bannon sea racista o antisemita»[11]. El célebre sionista Alan Dershowitz siguió la misma línea, afirmando que «no es legítimo llamar a alguien antisemita solo porque puedes discrepar de sus políticas»[12]. El ultrasionista David Horowitz se sumó, insistiendo en

9. https://t.co/1i3ettRdMb.

10. http://www.latimes.com/nation/politics/trailguide/la-na-trailguideupdates-what-is-the-alt-right-a-refresher-1479169663-htmlstory.html.

11. http://www.dailywire.com/news/10770/3-thoughts-steve-bannon-white-house-chief-ben-shapiro.

12. http://www.breitbart.com/jerusalem/2016/11/15/alan-dershowitz-steve-bannon-smears-not-legitimate-call-somebody-anti-semite-disagree-policies/.

que las acusaciones contra Bannon no tenían ningún fundamento y que Joel Pollack, redactor de *Breitbart* y también judío ortodoxo, nos había informado de que Steve Bannon era, de hecho, «amigo del pueblo judío y un defensor de Israel. ... Si acaso, es abiertamente sensible con el tema, y con frecuencia se ofende en nombre de los judíos»[13].

De manera que *Breitbart,* el medio de comunicación intelectual líder de la derecha, está infestado de sionistas y de simpatizantes sionistas. Esto no debería pillarnos por sorpresa, puesto que sabemos que el sionismo es una ideología de derechas que suscribe el racismo, el nacionalismo y el patriotismo. Pero para los estadounidenses las implicaciones podrían ser devastadoras, puesto que el debate político estadounidense más importante de nuestros tiempos ahora parece ser un diálogo interno judío.

Simbiosis

El *goy* tiene buenas razones para escaquearse del conflicto directo con el judío. Prefiere dejar que los judíos se peleen entre ellos por esta cuestión. El gentil entiende que un conflicto con el judío puede acarrear trágicas consecuencias. Posee el potencial de convertir la Shoah en una ocurrencia frecuente; lo cual, a todas luces, no es un escenario ideal ni para el gentil ni para el judío. Tanto judíos como gentiles prefieren evitar que estalle la violencia. La dinámica interna creada por la disidencia judía satélite facilita el aplazamiento de estos estallidos.

---

13.   http://www.breitbart.com/big-government/2016/11/14/stephen-kbannon-friend-jewish-people-defender-israel/§.

El recuadro de más abajo contrapone los «problemas judíos» a la disidencia judía satélite marginal correspondiente. El recuadro ilustra cómo la oposición satélite aborda y diluye eficazmente estas complicaciones asociadas con lo que se percibe como síntomas judíos problemáticos.

«Problemas» judíos	Disidencia judía satélite
Capitalismo: banca, Wall Street, dinero, Goldman Sachs, Rothschild, Bernays	La izquierda: Karl Marx, izquierda judía, Trotsky, Rosa Luxemburgo, primeros sionistas, sionismo laborista, la Bund, etc.
Políticas y grupos de presión sionistas: AIPAC, Sheldon Adelson, Haim Saban	*Lobby* disidente judío: J-Street, George Soros, Occupy AIPAC
Brutalidad palestina e israelí	Peace Now, B'Tselem, Yesh Gvul, *Mondoweiss*, JVP, IJAN
Valores liberales: marxismo cultural, Escuela de Fráncfort, corrección política, nueva izquierda, defensa de la inmigración, políticas identitarias y LGBT	Andrew Breitbart, Milo Yiannopoulos, David Horowitz, Breitbart.com, Alain Finkielkraut, Melanie Phillips
Ideología probelicista neoconservadora: guerras sionistas, Sam Harris	Antibelicismo: *Democracy Now*-Amy Goodman, Noam Chomsky
Dominación de los medios	Medios alternativos: *Democracy Now*, Paul Jay y *Real News*
Islamofobia judía: Pamela Geller	ADL, Abe Foxman, Southern Poverty Law Centre
Religión del Holocausto y ortodoxia de la Shoah	Revisionismo del Holocausto: David Cole, Yeshayahu Leibowitz, Paul Eisen, Hanna Yablonka[14]

14. Para saber más, véase: «Education Ministry Bumps Professor From Post for Criticizing "Superficial" Teaching of Holocaust», *Haaretz*, 21 de

Ampliar perspectivas

Echemos un vistazo a algunos de los acontecimientos más importantes de la historia posterior a la Segunda Guerra Mundial: la contienda entre la izquierda y la derecha y la guerra fría, la formación del Estado judío seguido de la expulsión de los palestinos y el comienzo del conflicto árabe-israelí, las guerras neoconservadoras, la crisis crediticia de 2008, etcétera.

Mientras sucedían estos acontecimientos, pocos fuimos capaces de captar su verdadera relevancia o importante significado. Solo cuando la perspectiva histórica entra en juego es cuando podemos hacer una relectura y posiblemente una revisión de nuestro entendimiento del pasado.

Si volvemos a mirar la disputa entre la izquierda y la derecha con perspectiva histórica, podremos descubrir que eso que entonces parecía una lucha trascendental no era sino una pulla relativamente menor entre unos cuantos banqueros y algunos marxistas culturales. Al final, la distancia ideológica y espiritual entre los marxistas culturales de la Escuela de Fráncfort y Alisa Zinov'yevna Rosenbaum (Ayn Rand) puede que no fuera tan grande como pensábamos; y lo mismo puede decirse del liberal George Soros y de los cientos de organizaciones progresistas financiadas por su Open Society Institute. En suma, el capitalismo y la nueva izquierda podrían ser las dos caras de una misma moneda.

El conflicto palestino también se ha reducido a una disputa interna judía entre algunos políticos y comentaristas ultrasionistas y algunos antisionistas judíos

---

julio de 2010, http://www.haaretz.com/education-ministry-bumps-professor-from-postfor-criticizing-superficial-teaching-of-holocaust-1.303097.

(*Mondoweiss*, JVP, IJAN) que afirman sentir la misma empatía hacia palestinos e israelíes, como si opresores y oprimidos fueran lo mismo.

Cuando debatimos sobre las guerras neoconservadoras sionistas, hoy claramente un desastre mundial sin perspectiva de solución, lo que queda es una pulla seudointelectual entre Sam Harris y Noam Chomsky. ¿Confiaríais en que Andrew Breitbart, David Horowitz o Milo Yiannopoulos, de la derecha alternativa, desmantelaran el marxismo cultural en vuestro nombre? Yo no.

Por último, la película premiada por la Academia *Inside Job* presenta la crisis de 2008 como una disputa entre George Soros y Dominique Strauss Khan por una parte, y entre Alan Greenspan y sus amigos de Goldman Sachs y Lehman Brothers por otra. Supongo que esta es la verdadera descripción de nuestro desastre actual.

Una mirada atenta a nuestro pasado reciente podría sugerir que lo que vimos como unas luchas ideológicas titánicas, eran, en el fondo, disputas internas entre personas que, en las cuestiones de verdadera importancia, se ponen de acuerdo. Esta revelación es sin duda devastadora para cualquier concepto de democracia, libertad de expresión y equidad fundamental.

Si tenemos en cuenta los millones de vidas que se han perdido y empobrecido a causa de estos conflictos y de estas crisis, entonces nuestra imposibilidad de pensar de una forma verdaderamente ética o aun histórica es, como mínimo, problemática. Vimos que las mismas observaciones devastadoras ocurrieron en Europa en los años 1930 con nefastas consecuencias bien documentadas y, sin embargo, puede que estemos permitiendo que vuelva a suceder lo mismo, con unos resultados devastadores similares.

En las páginas de este libro he formulado algunas preguntas. ¿Cuándo se torció todo? ¿Cuándo desapareció la promesa liberal? ¿Por qué fracasaron nuestras grandiosas teorías políticas? ¿Cómo es posible que el mundo académico y los medios occidentales no alcanzaran a comprender o a explicar unos cambios tan profundos? Espero que ya estemos preparados para abordar estas preguntas.

En la supuesta condición pospolítica en que vivimos, lo político y lo humano, la política y la gente, comparten poco. Esto no quiere decir que nada de lo que suceda en política no afecte a la gente, pero sí que nosotros, el pueblo, hemos sido incapaces de influir en asuntos o aun de expresar nuestros deseos. Nos hemos dedicado a disfrutar del espectáculo la mayor parte del tiempo, comiendo palomitas mientras Donald y Hillary se daban golpes bajos, como meros espectadores de una tragedia griega que solo resulta ser el relato de nuestra destrucción. Pero, así es, «después de la política» es el cuento de la victoria absoluta de una oligarquía. Las consecuencias podrían ser fatales para nuestro planeta.

El continuum *fatídico*

Imagina que tu hijo está enfermo. Ha faltado a la escuela infantil unos días pero, de momento, no estás preocupado. Pero, como la situación se prolonga, decides ir al médico, que diagnostica el problema que parece plausible y prescribe una línea de actuación que acatas sin rechistar.

Pero la situación sigue deteriorándose y a tu hijo le cuesta respirar. Ahora te lo llevas corriendo al hospital, donde lo examinan tres especialistas que, para desasosiego tuyo, consensuan otro diagnóstico y tratamiento. Sigues el nuevo régimen, aunque la salud de tu hijo sigue deteriorándose, pero no te rindes. Llevas a tu hijo de una ciudad a otra, cruzas océanos y visitas clínicas en cada capital, pero todo en vano. Parece que ni un solo médico puede salvar a tu hijo. Peleas por mantener a tu hijo con vida y lo consigues durante unos años más, pero al final los órganos dejan de responder, la visión ocular disminuye, la parálisis aparece y después la muerte.

Viejo y extenuado, después de tantos años terribles, estás en el funeral de tu hijo. Vas a enloquecer de pena y apenas puedes pensar con claridad. Pero entonces ves a un grupo de personas que te resultan familiares. Algunas parecen tener tu edad, y otras, más. Parecen afligidas y comparten tu pesar, se te acercan, te dan la mano y el pésame. Las has visto antes, pero no puedes recordar cuándo o dónde. Entonces una voz te susurra al oído: «¿No te das cuenta de lo que está pasando? ¿En serio que no has entendido, a lo largo de todos estos años, la conexión que existe entre la enfermedad de tu hijo y todos estos médicos que decían ayudarte?». Al final lo comprendes: la enfermedad y los médicos son uno; intrínsecamente unidos, indisociables, dos caras de una misma moneda.

Esta alegoría podría referirse al conflicto israelo-palestino. Si el niño enfermo con la enfermedad misteriosa es el Estado judío y todos los médicos son los «especialistas» judíos como Ilan Pappe, Jeff Halper, Noam Chomsky, Zochrot, Shlomo Sand, JVP, Max Blumenthal, Miko Peled, Norman Finkelstein, *Mondoweiss*, Israel Shahak y hasta yo mismo, entonces durante setenta años hemos permitido que los especialistas políticos judíos diagnosticaran (erróneamente) y trataran una «enfermedad judía», una enfermedad que yace en el corazón del proyecto sionista. ¿Y luego nos sorprende que no hayamos conseguido curar a nuestro pobre y enfermo «niño» palestino al que tanto queríamos?

Y no es solo Palestina. Si Marx tenía razón y el capitalismo es un síntoma judío, ¿no es sorprendente que, con nuestro rebaño de médicos teóricos revolucionarios judíos (Marx, Trotsky, Rosa Luxemburgo, Wilhelm Reich, Adorno, Marcuse, la Escuela de Fráncfort, etc.), no hayamos podido encontrar un remedio?

¿Y qué me decís de las guerras neoconservadoras, que cambiaron la tierra prometida sionista por el planeta prometido neoconservador? ¿Podemos esperar realmente que los doctores Noam Chomsky, Amy Goodman y George Soros identifiquen la enfermedad y encuentren la cura?

Si, como creo, el marxismo cultural es un problema judío, entonces los «médicos» en quienes buscamos una solución necesitan dejarse de ambigüedades y observar el problema con cierta distancia. Y, justo ahora, mientras el lector lee estas palabras, ¿pueden Milo Yiannopoulos, *Breitbart.com,* David Horowitz o Ben Shapiro salvar a los habitantes de Michigan de la virulenta enfermedad propagada por un puñado de *mammonitas* de Wall Street? ¿Pueden salvar Estados Unidos?

En este libro he arrojado luz sobre la matriz de la oposición controlada, y para mí está claro que crear disenso y mantenerlo para controlar a la oposición es algo profundamente arraigado en la política moderna judía laica. Y, sin embargo, sigo creyendo que, en la mayoría de los casos, esto no obedece a una motivación intencionada. Aquí no hay conspiraciones. Chomsky, Goodman, Adorno y Breitbart no nos están decepcionando necesariamente de forma consciente; de hecho, puede que estén esforzándose al máximo, en su limitada mentalidad tribal. Lo cierto es que no pueden pensar fuera de la caja, no pueden trepar los muros del gueto que encierra sus propias esencias tribales.

Pero ¿no podemos decir lo mismo de nosotros? ¿No nos limitamos nosotros también a las fronteras de la corrección política? ¿No nos hemos desentendido también de cualquier discusión en torno al «problema judío» en cuanto nos ha parecido bien que los judíos se ocupen de sí mismos?

«La mejor manera de controlar a la oposición es liderarla nosotros mismos», fue la percepción política subversiva de Lenin, y en *1984* Orwell ofreció un ejemplo ficcionalizado de un aparato político que pone en práctica esta percepción. Como la tiranía de la corrección política desarma nuestra capacidad de pensar, crear y combatir, el pensamiento crítico es suprimido. En *1984*, la tiranía de la corrección política limita el discurso e impide que el pueblo vea que Emmanuel Goldstein no es realmente el «enemigo del Estado», sino un síntoma de la enfermedad él también. ¿Y no es la corrección, pura y simple, lo que nos impide mencionar una sola vez siquiera el hecho de que el protagonista Goldstein sea, también él, judío?

Aunque ver a Emmanuel Goldstein en cualquier persona y en cualquier cosa pueda parecer paranoico, en nuestra condición pospolítica este temor es completamente racional. Nuestras «oposiciones» son siempre ilusorias y Emmanuel Goldstein está en cualquier persona, en cualquier lugar y en cualquier cosa, incluidos nosotros mismos.

INTRODUCCIÓN

En el arte, la autoexploración es la exploración del mundo

Otto Weininger, *Sex & Character*, 2003, p. ix

Es poco habitual escribir la introducción al final de un texto. Sin embargo, me gusta pensar que todo final es también un nuevo principio; de no ser así, el acto de escribir este libro sería un fracaso en sí mismo.

Vivimos en una época de ciencia y tecnología. Aceptar que las innovaciones científicas son la clave de nuestra supervivencia y tecnología hace la vida sostenible, eficiente y, lo más importante, conveniente. En este ámbito científico-tecnológico, el hombre es el amo del universo. El hombre es el observador, el universo es lo observado, el hombre es el sujeto, el mundo a sus pies no es sino un compendio de objetos. El «amo» utiliza los objetos de que dispone (tecnología) y lo hace de manera que estos se ajusten convenientemente a sus teorías y modelos (ciencias).

La adhesión a esta dicotomía sujeto/objeto conduce a la desafección. La mayoría de nosotros estamos alienados incluso de nuestros propios cuerpos. Vemos nuestra supervivencia como cadenas metabólicas conectadas entre sí. De forma similar, nuestro entorno se reduce a estadísticas, algoritmos, demografía y clases socioeconómicas. Hasta la psicología se ha convertido en una caja de Pandora, cuyos contenidos son cinéticamente accionados por múltiples complejos de personalidad que, en cierto modo, están ligados a nosotros por modelos estructurados.

Este libro no es así. Este libro carece de contenido científico. No proporciona ni estadísticas, ni estudios empíricos y tampoco casos de prueba. Para mí, la investigación es un autoexamen interminable. Como apunta Otto Weininger al principio de esta conclusión, yo sostengo que la autoexploración es la exploración del mundo.

Preguntas como «¿qué es la belleza?» o «¿qué podemos saber?» aspiran a *re-unir* nuestras facultades humanas. La validez de nuestras respuestas a estas preguntas se mide a través de la autorreflexión. Esta unidad fundamental es la base del pensamiento ateniense y la que ha sido brutalmente eliminada. Esto debe cambiar. Pitágoras, Kant y Heidegger no necesitaron estadísticas o microscopios, ni nosotros tampoco.

Mis lectores suelen decirme que mis ideas no son nuevas para ellos: «Has conseguido expresar lo que yo ya sabía», dicen a veces. Para mí, eso tiene todo el sentido del mundo. La filosofía puede resumirse, como dijo Martin Heidegger, en un prolongado relato de «olvido del Ser», el relato de lo que está más cerca de nosotros y, sin embargo, es lo más misterioso e inalcanzable. El ser y el tiempo son como la punta de tu nariz, la tienes tan cerca que no puedes verla. La verdad está ahí en cada momento, lo único que tenemos que hacer es abrir los ojos y contemplarla.

Estoy hablando de un retorno a Atenas.

GLOSARIO

AIPAC: Comité Americano-Israelí de Asuntos Públicos, grupo de presión judío estadounidense.

CFI: Hermanos Conservadores de Israel, grupo de presión judío británico.

CRIF: Consejo Representativo de las Instituciones Judías de Francia, grupo de presión judío francés.

Marxismo cultural: También conocido como Teoría crítica, es una colección de teorías políticas neomarxistas que se centran en factores culturales como agentes para el cambio social.

Goy, goyim: La etiqueta yidis para gentil, gentiles.

JVP: Jews Voice for Peace.

Mammón: La palabra bíblica hebrea para la abundancia, la riqueza.

Mammonismo: La búsqueda del *mammón* porque sí.

Tikkun Olam: La creencia (infundada) de que los judíos poseen el conocimiento de cómo convertir el mundo en un lugar mejor.

Acabose de componer
el 21 de febrero de 2019,
aniversario de la publicación en 1848
del *Manifiesto comunista*.

Título original:
Being In Time: a Post-political Manifesto
© Gilad Atzmon 2017 All rights reserved
© del Preliminar: Cynthia McKinney
© de la traducción: María Enguix Tercero
© de esta edición:
ediciones del oriente y del mediterráneo, marzo 2019
Prado Luis, 11; E-28440 Guadarrama (Madrid)
Correo electrónico: info@orienteymediterraneo.com
www.orienteymediterraneo.com
http://orienteymediterraneo.blogspot.com
Impreso en España

La identidad judía está vinculada a algunas de las cuestiones más difíciles y polémicas de hoy en día. El propósito de este libro es abrir la discusión sobre muchas de estas cuestiones. Examina la política de identidad judía y la ideología contemporánea judía utilizando tanto la cultura popular como textos académicos. Atzmon analiza el discurso cultural y político laico judío, sionista y antisionista. Gilad Atzmon es saxofonista y compositor de jazz, miembro de The Blockheads y del Orient House Ensemble. En sus novelas y ensayos, como afirma James Petras, «tiene el valor del que tanto carecen los intelectuales occidentales».